SOM do VINIL

UM PROGRAMA

CANAL BRASIL

REALIZAÇÃO

MACACOALFA

PRODUÇÃO

ímã

APOIO CULTURAL

oi FUTURO

PATROCÍNIO

oi

GOVERNO DO Rio de Janeiro

SOMANDO FORÇAS

SECRETARIA DE CULTURA

LEI ESTADUAL DE INCENTIVO À CULTURA

ENTREVISTAS A CHARLES GAVIN

CLUBE DA ESQUINA 1972

MILTON NASCIMENTO E LÔ BORGES

SOM do VINIL

PHILIPS
ZAMBI
ELIS REGINA
GERALDO AZEVEDO
"EMILIO SANTIAGO"
FEMININA
JOYCE
WAVE
ANTONIO CARLOS JOBIM
A&M RECORDS
COLUMBIA
BARQUINHO
MAYSA
baccarola
JORGE ARAGÃO
estúdio eldorado
MONARCO
MARISA MONTE
MOCAMBO
LUCIO ALVES
FÁBRICA DE DISCOS ROZENBLIT LTDA
Djavan
LUZ
SOM LIVRE
ALCEU VALENÇA
«MOLHADO DE SUOR»
QUARTETO NÔVO
ODEON
RCA VICTOR
À VONTADE MESMO
RAULZINHO
SOM do VINIL
wea
TITÃS
"CABEÇA DINOSSAURO"
MILTON NASCIMENTO
MINAS
ECM RECORDS
EGBERTO GISMONTI
DANÇA DAS CABEÇAS

A IDEIA JÁ EXISTIA MAS SÓ COMEÇOU A GANHAR FORMA a partir de um encontro com Geneton Moraes Neto numa esquina do Baixo Leblon, sábado de manhã. A certa altura do bate papo eu disse ao jornalista (e amigo) que há muito tempo vinha pensando em montar um banco de dados na internet, onde seria possível compartilhar o conteúdo das entrevistas de *O Som do Vinil*, algo que muita gente sempre me cobrou.

Desde que começou a ser produzido, em 2007, o acervo foi ganhando valor inestimável, fruto da generosa colaboração dos convidados que revelam histórias sobre suas canções, seus discos e suas carreiras, recompondo nossa história capítulo a capítulo.

Indo mais longe, afirmei: "nesses tempos em que o espaço na mídia televisiva está se tornando cada vez mais escasso para as vertentes da música brasileira, iniciativas como essa acabam se transformando em estratégicos abrigos de proteção à nossa diversidade cultural, expressa através das artes. N'*O Som do Vinil*, quem conta a história da música brasileira é quem a fez — e a faz".

Geneton ouviu tudo com atenção, concordou e aconselhou: "você tem que colocar isso em livro também. Pense que, daqui há décadas ou séculos, os livros ainda estarão presentes. Eles sobreviverão, seja qual for a mídia utilizada. Tenha certeza: colocou em livro, está eternizado, é pra sempre".

Cá estamos. A ideia se materializou e o projeto que disponibiliza sem cortes, na íntegra, algumas das centenas de entrevistas que fiz neste anos de *O Som do Vinil* está em suas mãos. Agradeço ao mestre e também a todos que, de alguma forma, ajudaram.

Aproveite. Compartilhe.

Charles Gavin

Um programa do Canal Brasil

Concepção
André Saddy, Charles Gavin, Darcy Burger e Paulo Mendonça

[Temporadas 2007, 2008, 2009 e 2010]
Apresentação, direção e pesquisa Charles Gavin
Direção Darcy Burger
Assistentes de direção Juliana Schmitz, Helena Machado, Barbara Lito, Rebecca Ramos
Editores Mariana Katona, Raphael Fontenelle, Tauana Carlier e Pablo Nery
Pesquisa e pauta Tarik de Souza
Coordenação de produção Crica Bressan e Guilherme Lajes
Produção executiva André Braga
Produção Bravo Produções

[Temporadas 2011, 2012 e 2013]
Apresentação, direção e pesquisa Charles Gavin
Direção Gabriela Gastal
Assistentes de direção Maitê Gurzoni, Liza Scavone, Henrique Landulfo
Editores Tauana Carlier, Thiago Arruda, Raphael Fontenelli, Rita Carvana
Pesquisa e pauta Tarik de Souza
Coordenação de produção Henrique Landulfo
Produção executiva Gabriela Figueiredo
Produção Samba Filmes

Equipe Canal Brasil
Direção geral Paulo Mendonça
Gerente de marketing e projetos André Saddy
Gerente de produção Carlos Wanderley
Gerente de programação e aquisição Alexandre Cunha
Gerente financeiro Luiz Bertolo

No sulco do vinil

QUE O BRASIL NÃO TEM MEMÓRIA É UMA TRISTE CONSTATAÇÃO. Maltratamos nosso passado como malhamos Judas num sábado de Aleluia, relegando-o ao esquecimento empoeirado do tempo. Vivemos do aqui e agora como se o mundo tivesse nascido há 10 minutos, na louca barbárie do imediatismo. Esse ritmo frenético de excessos atropela não só reflexões um pouco menos rasteiras, como não nos permite sequer imaginar revisitar aquilo que de alguma forma nos fez ser o que somos hoje. Como se o conhecimento, qualquer seja ele, fosse tão dispensável quanto aquilo que desconhecemos.

Esse esboço de pensamento não deve ser confundido com conservadorismo ou nostalgia, mas como fruto da convicção de que preservar e, talvez, entender o que foi vivido nos permite transgredir modismos e a urgência de necessidades que nos fazem acreditar serem nossas. Essas divagações estiveram na gênese do Canal Brasil, inicialmente concebido como uma janela do cinema brasileiro no meio da televisão e, posteriormente, transformado numa verdadeira trincheira da cultura nacional em todas as suas vertentes.

A música, por sua vez, chegou sorrateira, se impondo soberana como artigo de primeira necessidade, muito naturalmente para um canal chamado Brasil.

Começamos a produzir programas musicais e shows e a buscar, como havíamos feito com o cinema, uma forma que nos permitisse fazer o resgate do nosso extraordinário passado musical.

Recorrentemente falávamos do *Classic Albums* da BBC, pensamento logo descartado pela ausência de registros filmados de nossas clássicas gravações. Mas, como um fruto maduro, esse tema estava não só em nossas cabeças como também em outros corações.

E foi assim que Darcy Burger nos propôs, a mim e a Andre Saddy, em uma reunião realizada em meados de 2006, a produção de um programa que viesse a ser o *Álbuns Clássicos Brasileiros*.

Diante da constatação da impossibilidade de se reproduzir o modelo inglês do programa, evoluímos para a hipótese de se criar um formato brasileiro, contextualizado por circunstancias históricas e políticas e depoimentos artistas, músicos e técnicos envolvidos na feitura dos discos, de modo a viabilizar a elaboração de mais que um programa. Um documentário sobre a produção de cada álbum selecionado. Restava saber quem teria credibilidade suficiente para a condução do programa. E essa foi a mais fácil e unânime das escolhas: Charles Gavin.

Charles, além sua historia bem sucedida de baterista dos Titãs, realizava também um trabalho abnegado de resgate de uma infinidade de álbuns clássicos da musica brasileira. Ou seja, assim como Canal Brasil vem procurando fazer pelo cinema, Charles vinha, solitariamente, fazendo o mesmo em defesa da memória da musica brasileira — o que era, desde sempre, um motivo de respeito e admiração de todos. A sua adesão ao projeto, bem como o respaldo propiciado pela luxuosa participação de Tarik de Souza na elaboração de pautas, deram a ele não só um formato definitivo, mas principalmente, o embasamento técnico e conceitual exigido pelo programa.

Nascia assim, em julho de 2007, no Canal Brasil, *O Som do Vinil*.

O acervo de entrevistas desde então registradas para elaboração dos programas em diversas temporadas é mais que um patrimônio, se constitui hoje num verdadeiro tesouro para todos aqueles que de alguma forma queiram revisitar uma parte já significativa da história da música brasileira.

Paulo Mendonça

TRICAS E MUSICAIS FÁBRICA ODEON S.A. · R. ODEON, 150 · S. BERNARDO DO CAMPO · INDÚSTRIA BRASILEIRA · C.G.C. Nº 33.249.640/4 · S.C.D.P.-P.F.
SBRXLD-12.199
MILTON NASCIMENTO
1 - TUDO QUE VOCÊ PODIA SER - Milton Nascimento (Lô Borges-Marcio Borges)
2 - CAIS - Milton Nascimento (Milton Nascimento-Ronaldo Bastos)
STEREO
LADO 1
ODEON
℗ 1972
3 - O TREM AZUL - Lô Borges (Lô Borges-Ronaldo Bastos)
4 - SAÍDAS E BANDEIRAS N.º 1 - Milton Nascimento e Beto Guedes (Milton Nascimento-Fernando Brant)
5 - NUVEM CIGANA - Milton Nascimento (Lô Borges-Ronaldo Bastos)
6 - CRAVO E CANELA - Milton Nascimento e Lô Borges (Milton Nascimento-Ronaldo Bastos)
SMOAB 6005
TOR FONOGRÁFICO E DO PROPRIETÁRIO DA OBRA GRAVADA SÃO RESERVADOS - A REPRODUÇÃO, A EXECUÇÃO PÚBLICA E RADIOTELEDIFUSÃO DESTE DISCO ESTÃO

SBRXLD 12.201
MILTON NASCIMENTO
1 - PAISAGEM DA JANELA - Lô Borges
(Lô Borges-Fernando Brant)
STEREO
LADO 1
ODEON
℗ 1972
2 - ME DEIXA EM PAZ - Alaíde Costa e Milton Nascimento (Monsueto C. Menezes-Ayrton Amorim)
3 - OS POVOS - Milton Nascimento
(Milton Nascimento-Marcio Borges)
4 - SAÍDAS E BANDEIRAS N.º 2 - Milton Nascimento e Beto Guedes)
(Milton Nascimento-Fernando Brant)
5 - UM GÔSTO DE SOL - Milton Nascimento (Milton Nascimento-Ronaldo Bastos)
SMOAB 6006
USICAIS FÁBRICA ODEON S.A. · R. ODEON 150 S. BERNARDO DO CAMPO · INDÚSTRIA BRASILEIRA · C.G.C. Nº 33.249.640/4 · S.C.D.P.-P.F. 002/6.B
GRÁFICO E DO PROPRIETÁRIO DA OBRA GRAVADA SÃO RESERVADOS - A REPRODUÇÃO, A EXECUÇÃO PÚBLICA E RADIOTELEDIFUSÃO DÊSTE DISCO ESTÃO PROIBIDAS

ESTEREOFÔNICO

ESTEREOFÔNICO
MILTON
NASCIMENTO
LÔ BORGES
CLUBE DA ESQUINA

Clube da Esquina

EMI Odeon, 1972

Produzido por Milton Nascimento e Ronaldo Bastos
Diretor de produção Milton Miranda
Diretor musical Lindolfo Gaya
Supervisão musical Milton Nascimento
Arranjos Wagner Tiso e Eumir Deodato
Regência Paulo Moura
Gravação Nivaldo Duarte, Jorge Teixeira e Zilmar Rodrigues
Capa Cafi, com a colaboração de Ronaldo Bastos
Fotos da capa, contracapa e "nuvem" Cafi
Fotos internas Cafi e Juvenal

Músicos
Milton Nascimento Voz, violão, piano, solfejo e coro
Lô Borges Voz, guitarra, violão, piano, percussão, vocal e coro
Beto Guedes Baixo, guitarra, guitarra de 12 cordas, percussão e coro
Wagner Tiso Piano, piano elétrico e órgão
Toninho Horta Guitarra, baixo, percussão e coro
Nelson Angelo Guitarra, surdo e percussão
Tavito Violão, guitarra, guitarra de 12 cordas, baixo, percussão e vocal
Luiz Alves Baixo, baixo acústico (arco) e percussão
Rubinho Bateria, tumbadora
Robertinho Silva Bateria e percussão
Paulinho Braga percussão
Alaíde Costa Voz em "Me deixa em paz"
Luiz Gonzaga Jr. Coro em "Estrelas"

Lô Borges

Lô, conta para a gente como foi seu início na composição, na coisa de pegar o violão, pegar a guitarra e fazer música, querer ser o artista que você é hoje.

Meu início foi muito peculiar porque eu tinha uma atmosfera de música na minha casa. Uma família numerosa e as pessoas, meus irmãos mais velhos, já tinham esse vírus da música bem instalado. Então eu cresci vendo meu irmão tocar violão, os amigos do meu irmão, o Bituca, o Wagner Tiso. Eu era bem garoto, dez anos de idade, gostava de ver as pessoas tocando, minha casa tinha muitos instrumentos à minha disposição e eu rapidamente comecei a pegar esses instrumentos, a pesquisar, a tentar tocar. Tocava violão, pegava o violão, deitava ele aqui e dava uns Karatê Kid no violão para tentar tirar sons do instrumento. Na verdade a música começou bem antes da história da semiprofissionalização. Eu ouvia bossa nova direto, eu era ouvinte indireto, ouvia o que as pessoas ouviam. Na minha casa se ouvia bossa nova, música brasileira, Ângela Maria, Nelson Gonçalves, enfim, todas essas coisas, Dorival Caymmi. E eu ouvia essas coisas, aprendi a tocar violão e tenho o maior orgulho disso. Meu primeiro aprendizado no violão foi com a bossa nova, que é a parte mais difícil da história, a parte da sofisticação harmônica. Mas quando eu completei doze anos de idade eu comecei a me interessar mesmo e foi quando surgiram os Beatles. Surgiram no mundo inteiro metendo o pé na porta, e meteram o pé na minha porta também; eu rapidamente já fiz uma pequena banda que tocava em programas infantis em Belo Horizonte. Cantava de calça curta, os The Beavers. Então a gente já teve esse primeiro contato com a música, com o público, de maneira semiprofissional. Tinha programa de auditório.

Você tinha quantos anos?
Eu tinha doze anos.

Você tocava o quê nos *Beavers*?
Só o Beto Guedes tocava violão. Era eu, Beto Guedes, meu irmão mais novo e um cara chamado Márcio Aquino que, como num poema de Drummond, sumiu na história e eu não sei o quê ele está fazendo atualmente. A gente cantava essas canções dos Beatles e o Bituca era entusiasta do grupo. Ele frequentava muito minha casa nesse momento, ele não era um cara famoso ainda, não tinha feito nenhum disco. Ele ficava tentando incluir músicas brasileiras no nosso repertório, Dorival Caymmi. Mas aí existia uma rejeição da banda toda, o pessoal era tão beatlemaníaco que só queria ouvir os Beatles mesmo. Essa banda durou uns dois anos. Em casa eu tocava violão, mas ao vivo só o Beto que tocava e eu cuidava mais dos arranjos vocais. Simular o que os Beatles faziam. Os Beatles no mundo já eram novidade, em Belo Horizonte já eram novidade, então imagina uns guris de doze anos cantando os Beatles, então a gente fez bastante sucesso em Belo Horizonte, era até curioso. E a partir dessa história

dos Beatles eu passei a me interessar mais por começar a criar minha própria produção musical. Eu fiquei muito estimulado vendo o Milton, que era um cara que frequentava minha casa direto, é considerado irmão.

Como eram esses encontros na sua casa?

Eu andava de calça curta, eu era criança mesmo, mas eu lembro que o pessoal ensaiava. Várias vezes eu vi Wagner Tiso dentro da minha casa, Milton Nascimento, todos ilustres desconhecidos nesse momento. Aécio Flávio, Marcelo Ferrari, vários personagens. Alguns se tornaram famosos, outros não. Outros partiram para outras e eu via esse pessoal ensaiando. Eu adorava ver os ensaios, sempre fui um amante da música. A música me emocionava, já estava no meu sangue. Eu via esse pessoal ensaiando e adorava, mas a parte que eu mais gostava era quando o ensaio acabava, porque ficavam todos aqueles instrumentos para eu poder desfrutar. Ai eu deitava, eu rolava. O Milton tinha um baixo acústico desse grandão. Eu tocava o contrabaixo, eu era tão pequeno que montava no contrabaixo igual se monta a cavalo. Minha casa já tinha piano e enfim, eu acho que os ensaios aconteceram na minha casa porque era uma das poucas casas que tinha piano. Uma família grande, muitos filhos, então era um apartamento grande, eu fui começando a fazer minhas primeiras pesquisas pessoais, além de ver o pessoal ensaiando. Eu comecei a tentar inventar canções. Teve todo um ambiente preliminar que me levou a começar a pesquisar uma maneira de compor que não fosse nem um plágio que eu ficasse cantando música dos Beatles nem músicas do João Gilberto, mas que eu desse vidas para elas. E aí começou a minha história com composição. O Milton paralelamente desenvolveu a carreira dele e fez sucesso, ganhou um festival da canção, "Travessia", sucesso no Brasil inteiro. Mas sempre que ele voltava a Belo Horizonte frequentava a minha casa. "Cadê o Lô?"; "o Lô está na esquina, um lugar que chamam de 'clube da esquina', eles ficam tocando violão o dia inteiro lá." Minha especialidade era tocar Beatles e Chico Buarque. Eu pegava todos os discos do Chico Buarque e tirava música por música e ficava tocando.

Na rua?

Na rua, em Santa Tereza. Esse negócio da esquina, eram todos os jovens de classe média baixa que não tinham grana para pagar festas, bailes, horas dançantes em clubes que tinham na cidade ou pelo bairro. Então a gente chamava de "clube da esquina" por isso, ali era o nosso clube, nossas festas são feitas na rua. Por que clube dá uma ideia fechada, totalmente o oposto do que era; um lugar aberto, livre, que todos passam, todos podem entrar e sair sem ter o ingresso. Não precisa ingressar na esquina. Então nessa eu comecei a fazer minhas primeiras canções, esboços de canções, e o Milton foi um cara fundamental para mim desde o começo. Desde os Beavers, era um cara que tentava botar música brasileira no repertório, ele prestou muita atenção nas coisas que eu vinha fazendo, estava começando a compor, e foi o cara que me incentivou. Eu tenho essa dívida de gratidão com ele. Foi o cara que sacou que eu tinha jeito para composição, que eu podia vislumbrar uma carreira profissional com a música, porque até então eu fazia músicas de curtição. Eu estava preocupado com meu ginásio, o final do científico que eu estava fazendo para vestibular. E o Milton começou a gravar, gravou de cara três canções minhas no álbum que antecede o *Clube da Esquina* [*Milton*, 1970]. Gravou três canções minhas que é o "Alunar", o "Clube da Esquina Nº 1", parceria minha e dele. Foi nossa primeira parceria, fantástica, que foi um *hit* que misturou a MPB, acústica mais ou menos que o Milton levava a latinidade, a africanidade, todas essas coisas que existiam na música do Milton e ele achou aquilo interessante, colocou no disco e gravou. A música teve uma repercussão legal até para a carreira dele naquele momento. Ele gravou essas músicas e toda vez que ele voltava a Belo Horizonte ele perguntava por mim e o pessoal dizia: "O Lô continua na esquina tocando violão." Um dia ele chegou perto de mim e falou: "cara, eu queria te convocar para uma coisa que não é mais gravar músicas suas só. Eu queria te convocar para montar um disco, você vai ter que mudar de Belo Horizonte, você vai ter que morar no Rio comigo para a gente fazer um disco. Você aceita fazer um disco comigo?". Eu falei: "aceitar eu aceito, o difícil é convencer minha mãe, convencer o exército brasileiro", porque na verdade eu estava para servir o exército.

Dezoito anos?

Dezoito anos. Quando ele me convidou eu tinha dezoito anos. Teve até um episódio meio barra pesada porque no exército eu já tinha sido designado para uma companhia e tudo.

Você se alistou e o exército te convocou?

Eu fui me alistar como todos os jovens de dezoito anos. Eu era meio fortinho, aí não me dispensaram. Em 1970, auge da ditadura, anos Médici. Eu estava com a companhia designada e o capitão da minha companhia me tratou bem, e eu expliquei os meus motivos: "olha, eu estou sendo convidado pelo Milton Nascimento, que fez 'Travessia' para fazer um disco, eu tenho 18 anos e o cara está me abrindo uma porta pela musicalidade que eu tenho numa carreira profissional de ir para o Rio de Janeiro gravar discos, eu não tenho nada contra o exército, mas é isso que está acontecendo". Então eu tive que falar essas histórias para tentar

Aí o capitão: "quem é o músico da minha companhia?". Eu, tímido, cabelinho raspado. "Sou eu". Me levou para dentro de uma sala, me pegou pelo braço, me jogou no sofá e falou: "você não vai servir o exército não é porque você não quer. É porque o exército não quer pessoas da sua espécie aqui dentro. Seus comunistas de merda." Foi terrorismo psicológio, tomando um esporro no auge da ditadura, isso tudo para fazer o disco.

meio que me livrar. Eu tinha que convencer minha familia, que não queria que eu fosse para o Rio. E no exército eu fui super maltratado, eu pensei que ia ficar preso.

Você lembra a pessoa que te recebeu, ouviu a sua história? Quem era, que cargo ele tinha?

Ele era o capitão, eu já tinha companhia designada. Companhia de lá de dentro do exército. São várias companhias e os capitães. Aí o capitão chega um dia e fala: "quem é o músico da minha companhia mesmo?". Eu, tímido, cabelinho cortado, raspado. "Sou eu". Me levou para dentro de uma sala, me pegou pelo braço, com muita força, me jogou no sofá e falou assim: "você não vai servir o exército não é porque você não quer servir o exército. É porque o exército não quer pessoas da sua espécie aqui dentro. Seus comunistas de merda. Seus socialistas de merda. Vocês não gostam da gente." E eu queria dizer: "nós gostamos muito menos de vocês do que vocês da gente". A recíproca era verdadeira. Então foi um processo de terrorismo psico lógico, me deixaram duas horas dentro de uma sala ali do exército tomando um esporro do capitão da companhia no auge da ditadura, isso tudo para fazer o *Clube da Esquina*. Depois convencer meu pai e minha mãe foi mais fácil. Eles não queriam que eu parasse os estudos e não queriam que eu fosse morar no Rio naquele ambiente que o Brasil vivia naquele momento. Aquelas pessoas desaparecidas, juntava três, quatro pessoas numa casa era um aparelho subversivo.

Como era aqui em Belo Horizonte? Você lembra esse período? Fala um pouquinho assim desse clima que tinha em Belo Horizonte.

O clima era terror total. O exército nas ruas o tempo todo, jogando bomba, passeata estudantil e o exército sumindo com as pessoas: como acontecia no Brasil inteiro, em Belo Horizonte não foi diferente. Teve duas fases, 1964 e 1968. Em 1964 eu tinha doze anos. Em 1968 eu já tinha dezesseis. Então o que eu via era falta de liberdade total. Agressão aos direitos individuais, uma coisa grotesca, uma coisa apavorante e eu acho que meus pais tinham razão de não querer que eu fosse para o Rio. Porque eles não sabiam que o *Clube da Esquina* ia ser algo maravilhoso que ia entrar para a história; para eles era o filho deles de dezoito anos que estava saindo de casa para morar em uma cidade que eles não sabiam se o filho ia voltar vivo. Para eles eu tive que encarar essas duas histórias.

Houve alguém perto de sua família que sofreu algum tipo de tortura ou que desapareceu, sumiu?

O Márcio Borges, meu irmão que é seis anos mais velho do que eu. Ele exatamente por isso tem mais histórias para contar a respeito porque ele chegou a participar de alguns grupos, algumas células que eram consideradas terroristas. Eu não sei, ele era envolvido com o ambiente estudantil e tudo ali era considerado células terroristas. Então eu mesmo era um cachorro de caminhão de mudança. Via polícia na rua e gente correndo e eu correndo também. Eu não tive tempo de ter uma consciência política de que aquela ditadura era uma coisa que vinha dos Estados Unidos, patrocinada pelos americanos. Não tinha a menor noção do que era imperialismo, até pela minha idade mesmo, não porque era um alienado. Eu estava na idade de ser alienado mesmo, eu tinha 14 anos de idade, não tinha uma ciência legal do que acontecia. Mas foi muito importante esse convite do Milton porque foi um convite formal. Foi o motivo por que eu saí do exército, dizer que eu fui convidado para gravar um disco com um artista famoso.

Seus pais deixaram?

Meus pais deixaram. Teve uma história também interessante porque eu falei com o Bituca assim à queima roupa: "Eu topo ir se eu puder levar o Beto comigo. Porque eu vou chegar no Rio e seus amigos todos tocam samba, bossa nova, jazz, e quem vai tocar Beatles comigo? Eu preciso dos meus parceiros!". Ele então falou: "eu sou fã do Beto, vamos levar o Beto também." Aí fomos na casa do Beto Guedes, eu e Bituca, e pedimos a mão do Beto em casamento para os pais dele. A família do Beto tinha chegado do interior, eles moravam em Montes Claros, são de lá e foram até mais tranquilos que minha família. Aí foi meu grande aliado, era um cara que tinha o mesmo gosto musical e estava envolvido com a história da beatlemania assim como eu estava. Os outros músicos que participam do disco estavam em outro universo, músicos maravilhosos envolvidos em universos maravilhosos também.

Essa situação de vocês ali na rua tocando por diversão mesmo. Você acha que essa situação é típica da época de 1970, 1971, e também aconteceu porque era em Belo Horizonte, uma vida de bairro, as pessoas se conheciam.

Não, eu já tinha voltado pra Santa Tereza. Eu nasci em Santa Tereza, com 10 anos de idade eu mudei para o centro de Belo Horizonte, onde aconteceu o Edificio Levy, aqueles ensaios que eu narrei, Milton, Wagner, meu irmão. E depois com 16 anos eu mudei para Santa Tereza outra vez. Minha familia toda voltou para Santa Tereza e foi aí que aconteceu o *Clube da Esquina*.

O clube da esquina era perto de sua casa então?

Era do lado da minha casa. Minha casa era quase no meio do quarteirão, tinha a primeira esquina que era Paraisópolis com

Divinópolis. E ali eu ficava. Belo Horizonte eu acho que facilitou por ser uma cidade menor do que Rio, São Paulo; era mais fácil porque era uma cidade, até hoje é, cheia de esquinas. Belo Horizonte facilitou pelo fato de ainda não ser de grande porte. Já era a terceira capital do Brasil, no final dos anos 1960, começo dos anos 1970. Passavam poucos carros, não tinha muito barulho, barulho era a gente que fazia. Eu acho importante falar que nessa esquina nem tudo era maravilha, era festa porque como era um estado policial que o Brasil vivia, um estado de exceção, então a gente não podia tocar violão. Muitas vezes a gente tinha que sair correndo com o violão na mão. Várias vezes saí correndo porque vinha polícia para prender todo mundo, tinha que pular muro com violão. Porque é assim, a polícia não deixava a gente tocar violão à noite ou porque ela queria levar a gente para dormir com ela, a polícia. Muitas vezes eu saí corrido do clube da esquina. Antes de desistir disso eu corria para casa, ou para um outro lugar, porque às vezes não dava tempo nem de chegar em casa, a polícia era tão arisca, tão sorrateira, que eu tinha que pular o muro da casa do vizinho, jogava o violão e pulava correndo porque a polícia estava dando dura. Era uma época muito bacana do ponto de vista de tocar, dos amigos que eu tinha, das garotas, dos garotos, das coisas que aconteciam. Mas era um estado de exceção que a gente vivia. Não existia liberdade individual, era o tempo todo polícia na cola, o cabelo era um pouco grande, subversivo. Na época não era nem maconheiro, era subversivo, era um grau a mais do que maconheiro. Então eu posso olhar com um olhar saudoso porque teve muita coisa boa, mas teve muita barra pesada, teve muita coisa ruim, exatamente a polícia e a ditadura.

As coisas boas a que você se refere eram esse astral de intimidade, de camaradagem, de identificação, sentar na cal-

çada e tocar, o outro tocava e enchia de gente, às vezes não tinha ninguém, tinha todos esses tipos de situação.

Exatamente, tinha todos esses tipos de situação e eu era o mais aficcionado, eu era quase o esquizofrênico da esquina, vamos dizer assim. Porque eu muitas vezes ficava sozinho na esquina, três horas da manhã tocando violão, olhando para as estrelas. Muitas vezes era festa mesmo e juntava a galera toda do bairro e isso também era legal. Às vezes as pessoas têm a ideia de que no clube da esquina só ficava o Guedes, o Venturini, Toninho Horta, não. Essa esquina era muito da vida pessoal do Lô Borges. Era muito a minha vida, então era meus amigos de bairro, meus amigos de quarteirão. Poucas vezes o Beto foi nessa esquina, poucas vezes o Toninho foi nessa esquina. Existiam outros fóruns, outros lugares em que o pessoal se encontrava. Eu já encontrava com o Beto, já encontrava com o Toninho em outros lugares, no centro de Belo Horizonte. Essa esquina de Paraisópolis com Divinópolis é a esquina da casa da minha mãe, então a realidade era muito minha, dos meus colegas que jogavam futebol comigo, então por isso eu era o principal tocador de violão, porque ninguém sabia tocar violão. Quem sabia tocar violão era eu, eu e meu irmão. Muitas vezes as pessoas imaginam uma esquina de Belo Horizonte, Lô, Beto, Flávio, Toninho, tocando violão e não era muito isso. A gente até se encontrava, mas em outros lugares de Belo Horizonte, não na esquina fisica de Divinópolis com Paraisópolis.

Você foi para Niterói então, trabalhar no disco.

Ai fui morar no Rio com o Bituca. Antes de morarmos em Niterói moramos ali perto do Túnel Rebouças, no Jardim Botânico. Passamos pouco tempo ali e um empresário do Milton na época alugou uma casinha em Piratininga, Niterói, e aí foi muito legal.

Porque fomos morar eu, Milton, que era o líder da turma, que era o adulto, a gente era meio criançāo. Então foi o Milton, eu, o Beto, que é o cara que eu tinha trazido, e um primo do Bituca, o Élcio Romero, o Jacaré. E fomos morar nessa casa em Piratininga que pra mim foi uma maravilha, porque ali a gente começou a concentrar e a fazer o disco mesmo. Ali foi a concentração para fazer o disco, foi um barato. Ficava em um quarto, o Bituca fazendo as músicas dele. Tive a felicidade de ver o Bituca fazer "Lilia", fazer várias canções que estão contidas no *Clube da Esquina*. Eu vi o Bituca fazendo ao vivo, de ver o cara assim dentro do quarto; e tinha o quarto que eu fazia as minhas músicas e o Beto Guedes ficava igual médico andando de um quarto para o outro, vendo o que cada um estava fazendo. Um laboratório total. Então era isso que estava acontecendo, ficava o Bituca no estilo dele, na maneira dele, e eu fazendo minhas canções no outro quarto. E era sempre assim, visita direto. No dia que as canções iam ficando prontas a gente recebia os letristas.

Quem eram?

Ronaldo Bastos, Fernando Brant, Márcio Borges, o pessoal visitava muito a casa. O Ronaldo Bastos até com mais frequência porque ele morava no Rio, era mais fácil. O Fernando e o Márcio moravam em Belo Horizonte, então eles apareciam um pouco menos no Rio. Os músicos que participaram, os maravilhosos músicos que participaram desse disco frequentavam a casa também. Não moravam, mas frequentavam para ver o que o Bituca capitaneava. O Bituca era maluco, já começou chamando um cara de Belo Horizonte que ninguém conhece para fazer um disco com ele. Então eles frequentavam para ver o que a gente estava armando. E era tudo bacana.

E o que vocês estavam armando?

A gente estava armando, o Bituca fazendo as canções deles e eu fazendo as minhas, tomando banho de mar, comendo peixe, e o Bituca fazia os shows e a gente ia. Eu nem fazia parte da banda do Bituca, eu ia assim de convidado mesmo e ia para ver os shows. Eu e Beto íamos ver o show porque a gente morava junto e ia junto. Eu fiz muitas canções, como "Nuvem cigana", uma canção que no disco eu nem canto, que quem canta é o Milton. Tem algumas canções minhas que quem canta é o Milton. Eu cantei umas oito músicas e compus umas doze, sei lá.

Tem alguma que você levou para casa antes desse período? As composições de lá de Niterói, mas alguma composição daqui de Belo Horizonte?

Tem uma canção que abre o disco, que é o Milton que canta também, que é "Tudo que você podia ser". Eu fiz essa canção no dia em que eu conheci o Paulinho da Viola. Meu irmão não sei por quê era amigo do Paulinho da Viola, ele foi na minha casa e eu fiz essa canção toda baseada num acorde. Essa música eu já tinha feito em Belo Horizonte antes de ir para o Rio, mas eu já estava muito entusiasmado em Belo Horizonte quando o Bituca convidou, eu consegui me livrar do exército e minha mãe topou que eu fosse paro Rio. Aí eu comecei a fazer música. "Um girassol da cor do seu cabelo" eu fiz em Belo Horizonte, o piano que tinha lá em Piratininga era um bom piano. Eu fiz todas em Belo Horizonte. E também mineiro tem uma saudade meio siderúrgica de Minas. Nesse tempo que eu morei no Rio eu sempre vinha em Belo Horizonte, de quinze em quinze dias eu estava em Belo Horizonte para matar saudade do piano, da minha mãe, dos amigos, das namoradas. Eu não fiquei direto no Rio, tipo um ano, eu sempre pegava um ônibus e passava dois, três dias em Belo Horizonte depois voltava para o Rio, voltava para Piratininga. Eu já sabia todas as curvas da estrada, já conhecia tudo porque eu viajei bastante.

O projeto a princípio era com um grupo fechado, você, Beto, o Milton, e foi vindo mais gente, o Toninho Horta, os músicos que já trabalhavam na Odeon, Robertinho Silva, Eumir Deodato, Paulo Moura etc. Foi o Milton que teve essa iniciativa de fazer uma coisa coletiva?

Foi um projeto coletivo, eu atribuo a originalidade do *Clube da Esquina* a duas coisas. A primeira coisa, a mistura do jeito de compor do Milton com o meu jeito de compor. Acho que isso tornou o álbum uma coisa original porque o meu estilo era completamente diferente do dele. Então a gente conseguiu esses músicos, que eram todos amigos do Bituca. Eu falei assim: "Bituca, eu tenho que levar o Beto comigo, porque ele entende mais do que eu gosto. Eu vou me encontrar com várias pessoas que eu nem conheço, são amigos seus." E os amigos dele eram maravilhosos, Nelson Angelo, Toninho Horta, Naná Vasconcellos, Robertinho Silva, todas essas pessoas que contribuíram. Acho que é assim, a originaldiade desse disco deve-se ao fato de Milton Nascimento e Lô Borges fazerem músicas distintas. A minha música não tinha muito a ver com a música dele e nem a dele comigo.

Quais as principais diferenças que você enxerga naquele momento, entre as suas composições e as composições do Milton?

Eu acho diferente a formação mesmo. A formação do Bituca era de coisas diferentes, em razão da diferença de idade. Eu vi outras coisas, a cultura musical dele era outra. Quando ele tinha 16, 17, anos os Beatles não surgiram na vida dele igual surgiram na minha aos 12. Surgiram outras coisas. Ele bebeu de outras fontes, ele até absorveu os Beatles de uma forma muito tranquila, muito legal, mas não era a base dele. A base dele era as coisas da geração dele. Dez anos fazia diferença. E a minha formação era outra, eu era um cara que apesar de conhecer bossa nova, ter começado a tocar violão nesse estilo, mas na verdade o meu negócio era Beatles. O que eu mais gostava mesmo, a que mais me impressionou foi aquela, quando eu entrei no cinema para ver *A Hard Day's Night* e dá o primeiro acorde da música. Então eu acho que a diferença das minhas músicas com as do Bituca foi a diferença normal de formação. Ele teve as influências das pessoas que a geração dele escutava.

Você tirava Beatles de ouvido, você sozinho ou alguém te passava?

Tudo de ouvido. Até hoje eu trabalho só com o ouvido. Tirava todas as músicas e achava legal esse contraponto, porque eu tirava as músicas dos Beatles, mas tirava as músicas do Chico Buarque também, que era completamente brasileiro. Isso me deu uma coisa legal, uma coisa interessante, porque não fiquei fazendo música *cover* dos Beatles. Mas os Beatles me influenciaram muito, até no comportamento, de deixar o cabelo crescer. Você se fantasiava, naquela época a gente fantasiava as coisas. Mas a base dos Beatles para mim foi mais significativa do que foi para o Milton. Quando os Beatles surgiram o Milton já tinha uma base e uma bagagem musical muito mais entranhada. Para ele os Beatles foram um detalhe, uma coisa importante, ele valorizou. Mas por isso que eu estava dizendo que nas minhas músicas no *Clube da Esquina* a presença dessa atmosfera *beatlemaníaca* é maior do que nas músicas do Milton. As músicas do Milton têm a atmosfera dele. É isso que eu acho que tornou o álbum interessante, a qualidade dos músicos que participaram, cada um fazendo a leitura das músicas do Milton, como cada um fazendo as leituras das músicas do Lô e eles conseguiram transformar aquilo em uma quimica só.

Você se lembra da gravação? Vocês saíram de Niterói para os estúdios da Odeon gravar esse disco. Como foi entrar no estúdio com aquelas feras, Robertinho Silva, Toninho Horta etc.?

Era uma oficina de criação. Era uma oficina instrumental, musical, poética; os letristas todos fazendo a letra ali no estúdio, os arranjos eram todos criados na hora, praticamente não teve ensaio. Era tudo assim, você apresentava a canção e aquele bando de músicos super talentosos à disposição da gente e as pessoas começavam a intervir na música de maneira muito criativa. Eu lembro que se você pegar a ficha técnica do disco tem música que eu toco surdo, que o Toninho Horta toca percussão. Toninho Horta não era contrabaixista, mas há canções minhas em que ele toca contrabaixo. Acho que as músicas e os músicos se prestaram ao papel de libertação. Todo mundo fez o que estava sentindo. Eu lembro que, nas minhas músicas, eu falava para o pessoal: "o arranjo é aqui na hora. O que vier, a música é essa." O Robertinho em "Trem Azul" tocava a chamada do trem na bateria, o Toninho fez aquele solo histórico e tudo na época tinha a pecularidade de ser gravado em dois canais só. Tinha essa limitação que para a gente não era limitação. Era ao vivo, todo mundo tocando junto, ao vivo. Se alguém errasse alguma coisa tinha que parar tudo, derrubava todo mundo. Então ninguém errava, todo mundo só acertava. Era muito bacana, eu lembro das gravações, eu tinha quase 19 anos. Quando eu fui convidado eu tinha a idade de servir o exército, mas quando o disco foi gravado eu já tinha

19. Eu me lembro de tocar piano no "Um girassol da cor do seu cabelo" com orquestra no estúdio. Como eram dois canais apenas, você tinha que fazer toda a parte instrumental ao vivo. Seja sua base, se tivesse orquestra, ela gravava junto com a base. Era todo mundo junto, eu ali com 18 anos tocando piano, arranjo de Deodato, Paulo Moura regendo, eu recém-chegado das esquinas de Belo Horizonte, um músico amador e tocando ali solto. Eu não estava preocupado se eu ia acertar ou se eu ia errar. Achava que estava tudo certo e ia tocando, se eu errasse eu derrubava a orquestra inteira. E eu não errei. Toquei o "Girassol..." ali certinho e o Beto tocando contrabaixo certinho e eu acho que esse disco foi iluminado na gravação.

Nessa faixa "Um girassol da cor do seu cabelo", você está cantando e também está no piano. Você estava tocando e cantando ao mesmo tempo?

Não, um canal era só para voz. Toda a parte instrumental era feita na primeira sessão e a segunda sessão você colocava voz. Eu, Milton e o Beto, os vocais. Eu cantando a música e o Milton e o Beto esperando chegar a hora de entrar o vocal dentro do estúdio, tudo ao vivo. Se tivesse que cortar tinha que ser com gilete, então eu cantei e o Beto cantou: "o meu pensamento tem a cor". Cada um fazendo a sua voz. Se alguém desafinasse ou errasse tinha que voltar tudo, mas era engraçado que tudo saía de primeira.

Vocês estavam bem ensaiados entre vocês ali? Você, Beto e Milton.

Eu, Beto e Bituca, que morávamos juntos já estávamos com a sintonia em relação àquelas músicas. O Bituca já tinha grande sintonia com todos os músicos presentes ali. Já de algum tempo que o Bituca é um cara que chama carreira. Não era o primeiro disco dele, era o primeiro disco meu. Então o Bituca já era um cara mais experiente, mais amadurecido, e tinha eu e Beto das bandinhas de Belo Horizonte cantando *covers* dos Beatles. Então a gente estava num plano inferior, mas, para a surpresa do Bituca e de todos os outros músicos, os garotos de Belo Horizonte mandaram bem. A gente acertava mesmo.

Você não ficou intimidado nessa situação, de estrear tão novo?

Cara, eu era revestido de um senso de total irresponsabilidade e eu achava tudo fácil demais. Por que se eu encarasse aquilo como uma responsa, se eu botasse esse pensamento, esse medo de errar na cabeça, eu acho que ia errar. Então eu ficava relaxadão, mas muito relaxado mesmo, achava que estava tudo certo, que ia dar tudo certo, só pensamento positivo, tudo certo. Então depois que você olha para trás você fala: “nossa, eu consegui tocar tudo certo, o Beto conseguiu tocar tudo certo e todo mundo tocou tudo certo.” Não tinha essa coisa de indo e voltando. Às vezes aconteciam alguns erros. Quando acontecia, o erro era por uma pessoa, mas era como se todas estivessem erradas. Tinha que começar tudo outra vez. Então foi um disco muito relaxado, nesse aspecto foi. Todo mundo muito feliz de estar fazendo aquelas músicas, de poder contribuir com as músicas. Eu duplamente feliz porque várias canções era eu quem estava criando. Eu estava compondo, mas não tinha a menor noção de que ia ficar um álbum maravilhoso, que ia entrar para a história. Para mim era o que eu estava fazendo na hora, eu queria fazer bem feito o que eu estava fazendo, sem saber se ia dar certo, se o disco ia ter uma carreira importante na música brasileira. Nem pensar, essas coisas não vinham na cabeça. O que vinha era a canção a ser gravada, e da melhor maneira possível. Essa era a ideia o tempo todo.

Não tinha gente da gravadora que ficava rondando, acompanhando o que estava acontecendo? Até porque vocês eram muitos.

É, tinha o Milton Miranda, o Lessa, inclusive eu devo a eles também. Por que o Bituca quando teve essa ideia de fazer o disco dividindo comigo, ele teve que convencer os executivos e diretores da gravadora a botar o cara desconhecido de Belo Horizonte para dividir um álbum duplo, que na época não existia nem álbum duplo no Brasil. Por isso eu devo muito favor àquele cara. Ele não só comprou essa como convenceu o pessoal. "Eu quero fazer o disco com o Lô Borges, é um cara desconhecido mas eu aposto nas músicas dele, como são muitas canções que a gente está produzindo tem que ser um álbum duplo". E o pessoal começou a ver que as músicas eram boas.

Como?

Eles assistiam às gravações. Eles apareciam.

Eles iam para a casa de Niterói?

Eles não estiveram na casa de Niterói. Eles deram crédito total para o Bituca porque era o Milton Nascimento apostando no projeto. O Milton impôs uma condição: "se vocês não quiserem fazer eu vou oferecer esse projeto para outra gravadora. E a gente para nosso contrato aqui." Era para o pessoal não ter topado fazer esse disco com uma pessoa desconhecida. E o álbum duplo era uma coisa cara a ser feita. Aí o Bituca conseguiu convencer os caras; eles naquela época eram muito sensíveis, hoje o departamento de *marketing* é outra coisa. Na época diretor artístico era artístico mesmo, ele escutava. Na verdade, eles toparam o que o Bituca estava apostando; "então vamos apostar na ideia do cara". Nas gravações eles viram que as coisas eram legais, que as composições do desconhecido Lô eram interessantes. Tanto que eles me ofereceram um contrato logo depois do *Clube da Esquina* para eu fazer um disco, aí eu fiz um anti-disco, o disco do tênis (*Lô Borges*, 1972).

Uma das mais conhecidas músicas brasileiras.
Por que eu fiz o contrário do "Girassol...", o contrário do "Trem azul". Fiz só canções malucas, fiz um álbum experimentalista.

Mas acabou virando um clássico.
O Milton, de certa forma, estava me vendendo. "Vamos apostar nesse cara que esse cara é legal. Estou apostando e gostaria que vocês apostassem comigo". E o Lessa, Milton Miranda, o pessoal topou e acho que eles se surpreenderam até porque o resultado foi mais interessante do que eles imaginaram.

Você falou do comportamento do diretor artístico da gravadora frente ao artista em 1972. Como era a postura deles? E outra coisa, que diferença você vê desse momento específico que a gente está falando aqui e o que acontece hoje com a gravadora?
Eu não preciso nem voltar muito. Nem preciso chegar ao dia de hoje. Esse ciclo de diretores artísticos com sensibilidade para a música como arte e não como negócio, como sabão em pó ou desodorante, foi um dos últimos momentos. Eu acho que naquele tempo, anos 1970, foram os últimos anos em que existia essa sensibilidade para o lado artístico. Tanto que, para as gravadoras, existiam as pessoas que vendem disco e as pessoas que trazem prestígio para a gravadora, com o lado artístico forte. Nos anos 1980 já mudou totalmente. Hoje é apenas a continuação do que se implantou depois dessa fase em que o *Clube da Esquina* está

inserido. Costumo dizer que a indústria fonográfica ficou cada vez menos fonográfica e mais indústria. Virou uma história de vamos vender, vamos vender, vamos vender. O que vende é bom, o que não vende é ruim. O investimento da indústria fonográfica até hoje só quer saber do que vende. Virou um negócio que às vezes coincide de vender coisas boas também. Alguns produtores dão essa sorte, de pegar artistas, bandas que vendem legal e que também têm uma qualidade musical. Para você ter uma qualidade, uma, duas bandas, um ou dois artistas, você tem que engolir goela abaixo quinhentas porcarias.

Interessante essa transferência de poder e de decisão artística, que saiu do diretor artístico para o diretor de marketing. Foi se transferindo, não foi uma ruptura radical, foi acontecendo ao longo da década de 1980 e nos anos 1990 ela se instalou de fato. Você acha que isso foi fundamental para mudança da música brasileira? O cenário da música brasileira no geral.

Eu acho que as coisas mudaram meio que juntas. Na verdade, esteticamente, tudo é mutante. Tudo tende a mudar. A música é uma coisa muito dinâmica, mutante. Temos compositores de Belo Horizonte, por exemplo, nos anos 1970 tinha Beto Guedes, Flavio Venturini, Lô Borges, Toninho Horta, nos anos 1990 já tem Samuel Rosa, Pato Fu, enfim, que são estéticas completamente diferentes, músicas diferenciadas também. Mudar, muda mesmo. Mas agora esse comportamento da gravadora em relação aos produtos, isso mudou também. Mudou porque o apelo financeiro ficou mais forte. Por que os caras são cobrados, porque os diretores, os testas de ferro, os caras que têm direção artística de gravadora de departamento de marketing, os caras têm que prestar contas aos grandes. Só que os caras dos anos 1960, dos anos 1970 eles tinham que prestar conta aos grandes também. Mas eu acho que naquela época a música, a confusão da música era menos propagada. Acho que música não era um grande negócio ainda. Música era uma coisa mais artística. Depois que música virou um grande negócio, um *business*, ficou mais forte do que tudo. Aí começou a mudar: a direção artística virou departamento de *marketing*. Eu acho que as coisas vieram mudando junto, tanto a coisa estética com a essência da música quanto a relação da indústria fonográfica com esses artistas.

Quando o disco ficou pronto e você ouviu, o que você achou?
Eu quando ouvi, falei: "gol de placa!". Achei muito legal, porque a gente não tinha ideia de que ia se transformar naquilo que a gente vinha realizando ao longo da convivência em Piratininga, as composições nascendo ali. Depois chegar todo mundo no estúdio e gravar aquela quantidade de canções, era um álbum duplo. Eu não tinha noção da unidade que aquilo ia ter. Sabia que estava todo mundo empenhado em fazer o melhor. Quando pintou a audição na própria Odeon eu achei muito interessante, cumprimentei, agradeci a todos os músicos porque recebia elogios dos diretores artísticos.

O que eles diziam? Você lembra?
Diziam que o disco era maravilhoso, que era inovador, que aquela mistura tinha sido muito boa. Que a aposta do Bituca em me convidar foi muito legal. Então a gente gostou bastante, eu gostei muito. Uma coisa bem legal, a produção que a gente fez ali no começo da carreira eu olho com muita alegria, o começo da história. Foi o momento em que o disco ficou pronto e a gente relaxou. Simplesmente ouvindo em casa, eu e Bituca chegamos à conclusão de que tínhamos feito um disco muito legal e que

aquela história de fazer umas músicas juntos era bem bacana. Tudo foi muito feliz.

Todos felizes. Vocês fizeram juntos essa parte de setlist?
Tinha uma equipe, os letristas ajudaram muito nessa parte. O Ronaldo Bastos, Márcio Borges; o Bituca era o principal cara, era o dono da história. Eu era o convidado que se comportou bem, que apresentou músicas boas, que trabalhou legal. Os letristas que fizeram as letras e os músicos que participaram, todo mundo contribuiu com o disco. Essa audição na casa da gente quando eu morava com o Bituca, a gente ficou chapado, a gente gostou muito. Gostei e estou me lembrando que fiquei até bacana. Isso me fez lembrar desse exato momento, de escutar o disco em casa. A gente curtiu do começo ao fim. Aí repetimos o álbum duplo, ficamos um dia ouvindo e foi muito bacana.

O disco tem uma sonoridade muito interessante, particular, que além de ser resultado da forma como foi gravado, às vezes soa, para as pessoas como eu, semelhante à sonoridade que os grupos de rock progressivo ingleses tinham, o Yes, o Genesis, o Emerson, Lake & Palmer etc. Outros músicos também têm a mesma impressão, acho que tem alguma coisa, além de Beatles, quase que progressiva, ou na harmonia ou na mixagem, na sonoridade. Você concorda com isso, você acha que tem mesmo?
Eu concordo; acho que essa sensação progressiva que tem nesse álbum é meio subliminar, é uma coisa que aconteceu talvez porque as pessoas envolvidas ali, algumas das composições, talvez até no caso das minhas composições, trouxessem já um pouco disso. Eu até citei uma canção minha do álbum *Via Láctea*, que é o "Equatorial", um progressivo total. Essa música era comple-

tamente progressiva, mas não existia rock progressivo quando a gente fez essa música, a gente fez antes. Eu acho que o progressivo foi uma manifestação de um estilo do rock britânico que talvez tenha a mistura do que a gente fez dentro do estúdio, aquela alquimia maravilhosa dos músicos que participaram do disco *Clube da Esquina*, mais as composições minhas, as composições do Milton, as coisas que estão ali contidas, acho que acabaram precedendo um pouco dessa atmosfera, porque não existia atmosfera progressiva no mundo antes, eu acho que a gente precedeu até um pouco isso, aconteceu meio que naturalmente. Talvez pelas composições, talvez pela maneira que os músicos cariocas, pernambucanos, as pessoas que participaram do disco sentiram na música que eu estava fazendo, na música que o Milton estava fazendo, eu acho que foi uma química que não foi intencional, mas eu concordo com você que em alguns momentos escutando o disco essa atmosfera aparece, mas não teve nada intencional.

Estou te perguntando isso só para esclarecer, porque todos os grupos de rock progressivo que vieram no final dos anos 1960 e entraram na década de 1970 em destaque, eles dizem que todo mundo ouvia muito Beatles, e que começaram tocando Beatles, assim como você começou, e depois acabaram fazendo seu próprio trabalho, pegaram o legado dos Beatles e transformaram numa coisa que era deles, numa linguagem deles. Isso foi mais ou menos o que você fez, aquele legado você já tinha na mão, mas fez o seu lance e talvez essa seja a semelhança, a coincidência.

Talvez pelo fato do *Clube da Esquina* ter saído antes, quem sabe eles escutaram *Clube da Esquina* um pouco [*risos*].

Por que não?

Por que não?!

O que a imprensa falou sobre o disco na época?

Teve nego que gostou, teve gente que festejou, teve gente que malhou, que não gostou, falou mal. Teve um foco um pouco assim em cima de mim, no momento eu vi alguma coisa tipo: "quem é esse cara, que chegou junto com o Milton?". Eu acho que, para mim, as coisas não foram tão bem-vindas assim; a crítica normalmente gosta de criticar mesmo, na acepção da palavra; crítica não é simplesmente um relato do que está acontecendo, é uma opinião que poderia ser mais um relato, eu acho que seria mais construtivo, mas teve gente que achou bacana, um disco bom, o Milton revigorado, a música do Milton um pouco modificada, e a música e esse artista novo que chegou com canções interessantes, teve gente que festejou o disco.

Dos que gostaram, o que disseram? Mesmo os amigos músicos daqui do Rio de Janeiro, o que aconteceu quando vocês chegaram com esse disco na praça, a classe artística reagiu como, você lembra?

Não. Eu lembro que os amigos todos gostaram [*risos*], e na verdade a gente só tinha amigo, mesmo na crítica a gente tinha amigos, aliados que gostaram e fizeram críticas positivas do disco. Então os artistas eu acho que gostaram, sempre vi o Caetano comentando que era um disco maravilhoso, outros artistas comentando que era um disco maravilhoso, que era um disco muito bom, eu acho que a aceitação foi legal. Na época eu era um cara bem desligadão, eu estava pouco me lixando se estavam gostando, eu estava gostando, estava bom demais! Eu estava muito feliz para ficar preocupado com o que estavam falando do disco, na verdade era isso.

Vamos ouvir algumas músicas, vamos fazer uma audição na ordem das músicas em que você está envolvido.

Tudo o que você podia ser

Já estava tocando esse violão, com 18 anos já esperto. Tavito e Toninho Horta aí também.
Pois é.

O que você acha dessa gravação?
Essa gravação é demais. Um dia um cara da BBC que veio entrevistar alguns artistas brasileiros me entrevistou, e a primeira pergunta dele não foi uma pergunta, ele queria agradecer por ter feito "Tudo o que você podia ser". Foi um barato ele dizer isso, e é uma canção incrível, tem um violão bem na cara ali, que é um violão que eu toco e é uma característica minha que foi interessante, que era pra tocar violão de *nylon* com palheta, que era um negócio que não se usava. Palheta é para violão *folk*, violão de aço.

Você estava usando com palheta?
Eu achei legal essa história, é uma música que é toda feita em cima do mesmo acorde.

Explica um pouco essa progressão.
Eu não tenho a teoria da música comigo, eu sou um cara autodidata, é mais busca mesmo, é mais o ouvido. E eu comecei a fazer essa música baseado nesses acordes, porque eu achei o acorde bonito, bolei uma ligação que passasse por esses acordes, então

foi seguindo e saiu. Aí o Márcio fez a letra, porque sempre tem uma coisa nas minhas canções, eu sempre faço a música primeiro depois eu convido o cara para fazer a letra.

E você faz pensando nisso, em fazer uma coisa que dê para o cara colocar em cima?

Cada disco meu tem uma letra minha, ou duas letras, eu não sou muito de fazer letra porque eu sempre vivi cercado de letristas. Eu sempre gostei dessa comunhão de estar fazendo música e alguém fazer a letra, então eu costumo dizer que quando eu faço música não existe idioma na minha cabeça. Há compositores que fazem já pensando na palavra, no meu caso eu penso mais como se fosse uma língua que não existe, pode ser inglês, pode ser japonês, pode ser hindu, pode ser brasileiro, pode ser normalmente a linguagem da música para mim, ela fala mais forte quando eu estou fazendo a música. Aí o cara vai fazer a letra, a gente conversa sobre o assunto que pode tratar a música, e sempre aparece depois que eu faço a música, aparece o assunto que eu quero tratar, podia falar sobre alguma coisa com amor ou com a história que eu vivi ontem. O comentário do autor da melodia normalmente ajuda o letrista, mas eu, na verdade, faço a música pensando várias línguas ao mesmo tempo, não tem a coisa da palavra, vira uma grande babel na minha cabeça.

Faz de conta que isso não foi feito em 1972. A gente pode acreditar que essa gravação foi feita agora, de tão moderna que é.

Eu adorei, gostei muito de ouvir aqui, cara.

O baixo do Beto Guedes é incrível. É moderno e talvez, eu me arrisco a dizer, que é como uma banda britânica queria soar hoje, é assim, diria isso tranquilamente.
O nome da música é "Tudo o que você podia ser", não é?

Trem azul

Você se lembra dessa gravação?
Eu lembro, essa gravação foi um show de bola de vários caras, tem momentos lindos do Robertinho Silva. Era legal porque essa música é uma típica balada, uma balada meio Beatles mesmo, com os acordes soltos. Tom Jobim sacou que ela é brasileira pra caramba, ele gostou, gravou e tudo.

O que ele disse?
Na época ele disse que era uma coisa moderna da música brasileira. Fiquei super feliz, um dia me ligaram assim uma hora da manhã: "o Tom Jobim está no jornal falando que você é uma das revelações da música brasileira, que o 'Trem azul' é o máximo". Eu fiquei super feliz; Robertinho Silva toca samba à beça, transa várias linguagens e teve a ideia dessa entrada, super simples. Toninho Horta dando show na guitarra.

Tem uma assinatura do Toninho muito interessante ali.
A assinatura do Toninho, o solo que ele fez inclusive foi um solo histórico que o Tom Jobim, quando gravou essa música, ele fez questão de botar o coral dele fazendo a melodia que é do solo do Toninho. A melodia do solo é fantástica, eu fiquei anos da minha vida, na hora que chegava nos shows tocando "Trem Azul" eu fazia o solo, fidedigno, fazia igualzinho ao Toninho porque esse

solo é imortalizado mesmo. Eu fico vendo o Beto tocando o contrabaixo, eu estava muito certo quando o Bituca me convidou para vir para o Rio e eu falei: "eu tenho que levar o Beto!".

Eu sempre gostei de guitarrista tocando baixo.
É, isso é interessante.

Instrumentistas que trocam de instrumentos e que fazem coisas que o titular do instrumento não faria; guitarristas tocando bateria, guitarristas tocando baixo, ou baixistas tocando guitarra.
Eu adoro essas coisas, no meu show novo tem isso, o cara que gravou o contrabaixo do disco todo toca teclado no show, ele não toca contrabaixo no show.

Nuvem cigana

O Milton canta e você toca guitarra? Você se lembra dessa orquestra regida pelo Paulo Moura?
Lembro, cara, foi daqueles dias que eu tinha que estar mais atento ainda, porque ia gravar com orquestra junto, então o violãozinho que eu fiz, a viola de 12, e a orquestra ali fazendo as coisas junto, eu acho que foi na mesma sessão que teve o "Girassol..." também, e é muito legal que já é o Toninho Horta tocando contrabaixo. Realmente incrível.

Um girassol da cor do seu cabelo

Você é o piano e voz? Tem muito de Beatles nessa música, não?

É. Tem bastante. Essa talvez seja a que tem mais a atmosfera Beatles. Essa e a anterior, "Nuvem cigana", eu acho que têm essa atmosfera mais forte, "Girassol..." tem até mais. Parece uma coisa meio de Paul McCartney tocando piano; os caras eram os meus ídolos na época, eu fazia ou tentava fazer alguma coisa que me lembrasse aquilo que me emocionava na música dos caras, não tentar repeti-los. Eu lembro que eu recebi um conselho super sábio na época do Eumir Deodato, que escreveu essas cordas maravilhosas, ele falou comigo: "eu adorei suas músicas, adorei trabalhar com você, fazer esse álbum, e é legal que você fique ligado que é importante ter influência das pessoas que você gosta, mas nunca procurar fazer igual, porque eles sempre vão fazer melhor. Você tem que achar o seu caminho e eu acho que você está achando o seu caminho." Ele me deu essa dica, ele como músico mais experiente naquele momento, o cara já tinha feito várias coisas, de nunca tentar copiar, podendo me inspirar à vontade, que a música está aí para você se deliciar com ela mesmo. Mas assim, você tem que fazer a sua coisa, saber que você é um artista brasileiro, não é um artista inglês, ele me deu esses toques na época da gravação do "Girassol...".

Estrelas
Clube da esquina nº2

Essa música é uma introdução mesmo, eu procurei fazer uma introdução para uma música que era um mantra, "Clube da esquina nº2", que vem na sequência, eu procurei fazer uma abertura, um painel de vocais e de cores. Então essa música "Estrelas" dura 15 segundos, é só uma vinhetinha mesmo para abrir para a próxima.

Ela é uma música cinematográfica, cheia de imagens.
É um mantra, um mantra total essa música. Vou falar uma coisa que eu nunca falei, mas essa é uma música de amor total, de amor do Bituca, de amor meu pelo Bituca, do Bituca por mim, e de nós dois pela música. É uma canção itinerante, nós ficamos uns três ou quatro meses tocando sem ter a segunda parte ainda. E você vê que no álbum comercial não tem nem letra, a gente se basta dela, era o suficiente para a gente ficar tocando, a gente ficava tocando em Belo Horizonte, nas ruas de Belo Horizonte, tocava nas noites de Três Pontas lá na terra do Bituca, e a gente ficava horas, eu virei noites tocando a primeira parte dessa música. Eu fazendo a base, fazendo a harmonia e o Bituca fazendo a voz falseteada, ponteada com o violão. Eu acho até que a segunda parte da música foi um pleito meu, de fazer uma segunda parte, porque para o Bituca estava tudo certo, imerso no mantra, tocando e olhando para a lua, olhando para o céu, olhando para os amigos, para as estrelas. Anos depois a Nana Caymmi pediu ao Márcio para fazer uma letra, e aí fizeram as gravações com letra e tudo, mas é a versão original total; eu me sinto em Três Pontas tocando violão no meio da rua.

O Eumir Deodato caiu como uma luva nesse trabalho, é incrível esse arranjo. Esse fade out na verdade vocês devem ter continuado mais uns quatro, cinco minutos.
Com certeza, a gente gostava mesmo. Que lindo esse falsete do Bituca! O Bituca em alta, no auge da forma do falsete. O tom é

Vou falar uma coisa que eu nunca falei, mas "Clube da esquina nº 2" é uma música de amor total, de amor do Bituca, de amor meu pelo Bituca, do Bituca por mim, e de nós dois pela música. É uma canção itinerante, nós ficamos uns três ou quatro meses tocando sem ter a segunda parte ainda. E você vê que no álbum comercial não tem nem letra. A gente se basta dela.

altíssimo, ele está tocando em Sol; e o Bituca assim no auge da forma dos falsetes maravilhosos. Ouvindo agora outra vez é impressionante o que ele cantou nessa faixa, um falsete incrível, uma das coisas mais impressionantes que eu ouvi nos últimos tempos.

Paisagem da janela

Mais juvenil que essa é impossível.
Essa é a maior juvenilidade.

Na guitarra é o Tavito e o Nelson Angelo?!
O Nelson Ângelo. Ele teve essa sacada na guitarra, muito boa para a música, fez muito bem para a música; é o que eu te falo, esse disco foi um disco feliz, um grande laboratório que todo mundo pegava um instrumento para tocar determinada música e qualquer coisa que a pessoa fazia ela acertava de cara, então as ideias foram muito boas, foi muito bem vibrado. Eu acho muito legal a intervenção dos músicos nas faixas, as ideias de arranjo e tudo em cima, de um arranjo base que é a canção seguindo e você colocando tintas, pintando, fazendo uma aquarela de coisas. Tudo criado na hora, eu acho muito espontâneo os arranjos, essa música também é super espontânea.

Trem de doido

Você gravava tudo de primeira?
Era tudo bem rápido, as coisas não demoravam muito a aconte-

cer. A originalidade estava prevalecendo, estava imperando no nosso ambiente de trabalho e essa música, mais uma vez, o Toninho Horta de contrabaixo, um guitarrista no contrabaixo; eu pedi ao Beto Guedes para fazer uma guitarra numa onda meio Jimmy Page, que eu gostava muito de Led Zeppelin também.

Pesada.

Pesadíssima; ele saiu melhor do que a encomenda, eu pedi uma coisa e ele foi às últimas consequências do que eu havia pedido. Letra do Márcio Borges, eu tocando a minha viola, aquela mesma levada de palheta. Na verdade eu acho que uma das contribuições que a minha música prestou a esse disco foi de trazer a palheta para MPB; um pouco de palheta na MPB eu acho que foi saudável [*risos*].

A gente ouviu algumas músicas do disco. Quais foram as grandes contribuições que esse disco trouxe para a música brasileira na época e que permanecem até hoje entre os músicos brasileiros e também entre os músicos do resto do mundo?

Eu acho que trouxe a mistura de estilos de uma MPB mais clássica, digamos assim, que o Milton fazia anteriormente ao álbum *Clube da Esquina*, que é de grande qualidade porque os álbuns do Milton são todos geniais; e o *Clube da Esquina* é uma mistura de coisas que ele fazia com coisas novas que ele veio a fazer e com a contribuição de um cara que surgiu em Belo Horizonte naquele momento e que ele convidou para fazer o disco, que vinha com informações completamente diferentes daquelas do Milton e ele apostou nisso. Eu acho que muita gente aprendeu a tocar violão, aprendeu a compor ouvindo esse disco, eu acho que para isso ele serviu, para as pessoas aprenderem a tocar algum instrumento, experimentar como é bom poder ser um compositor, acho que ele contribuiu e continua contribuindo para isso.

Por que você acha que ele se tornou um clássico da Música Popular Brasileira? O que tem aqui que fez com que esse disco ficasse até hoje na lista de todos os músicos e artistas e brasileiros?

Foi o encontro absolutamente verdadeiro, foi tudo muito verdadeiro, a intenção do Bituca de me ver com ele num disco, de ver um cara jovem naquele momento iniciando ali sua carreira de compositor. Aquilo me encheu de inspiração, de motivação e ele já era um cara motivado e inspirado, ele já tinha isso como profissão de fé e me trouxe para isso, e eu acho que foi um encontro muito legal, de todos nós, dos músicos que participaram, dos arranjadores e dos letristas, eu acho que isso é que é fundamental nesse disco, o encontro das pessoas.

"... PODIA SER"
(... Márcio Borges)

... SER MELHOR DEPOIS
... DE HERÓI DAS ESTRADAS
... SER

... A AGORA EM VOLTAR
... NO ANEL DE ZAPATA
... SER, SEM MEDO

... DE MIM
... QUE EU FALASSE DE TUDO
... SER, NA ESTRADA
... ESTRADA
... FAZ MAL
... MELHOR DO QUE NADA
... QUE SER, OU NADA
... MAL
... MELHOR DO QUE NADA
... QUE SER, OU NADA

"... 1 $ "
(... - Ronaldo Bastos)

... cimento

... inho Horta

... TAR

... LIDÃO ME DÁ
... LAREAR

... CAR

... HADOR

... QUE

... QUE SEMPRE QUIS
... A PARTIR

... AR

"... AZUL"
(... onaldo Bastos)

... ges e Toninho Horta

... ESQUECE DE DIZER
... ÀS VEZES VAI LEMBRAR
... ITO TEMPO POR DIZER
... SE CANSAM DE VOAR

"SAÍDAS E BANDEIRAS N.º 1"
(Milton Nascimento - Fernando Brant)

Cantam: **Milton Nascimento e Beto Guedes**
Violão: **Milton Nascimento**
Baixo: **Beto Guedes**
Percussão: **Lô Borges e Toninho Horta**
Bateria: **Rubinho**
Guitarra: **Nelson Angelo**

O QUE VOCÊS DIRIAM DESSA COISA QUE NÃO DÁ [MAIS PÉ
O QUE VOCÊS FARIAM PRA SAIR DESSA MARÉ?
O QUE ERA SONHO VIRA TERRA
QUEM VAI SER O PRIMEIRO A ME RESPONDER?

SAIR DESSA CIDADE, TER A VIDA ONDE ELA É
SUBIR NOVAS MONTANHAS, DIAMANTES PROCURAR
NO FIM DA ESTRADA E DA POEIRA
UM RIO COM SEUS FRUTOS ME ALIMENTAR

"NUVEM CIGANA"
(Lô Borges - Ronaldo Bastos)

Canta: **Milton Nascimento**
Guitarra: **Lô Borges**
Viola 12 cordas: **Beto Guedes**
Bateria: **Rubinho**
Piano: **Milton Nascimento**
Baixo: **Toninho Horta**
Baixo (arco): **Luiz**
Arranjo de orquestra: **Wagner Tiso**
Regência: **Paulo Moura**

SE VOCÊ QUISER EU DANÇO COM VOCÊ
NO PÓ DA ESTRADA
PÓ, POEIRA, VENTANIA
SE VOCÊ SOLTAR O PÉ NA ESTRADA
PÓ, POEIRA
EU DANÇO COM VOCÊ O QUE VOCÊ DANÇAR

SE VOCÊ DEIXAR O SOL BATER NOS SEUS CABELOS [VERDES
SOL, SERENO, OURO E PRATA
SAI E VEM COMIGO
SOL, SEMENTE, MADRUGADA
EU VIVO EM QUALQUER PARTE DE SEU CORAÇÃO

SE VOCÊ DEIXAR O CORAÇÃO BATER SEM MEDO
SE VOCÊ DEIXAR O CORAÇÃO BATER SEM MEDO
SE VOCÊ DEIXAR O CORAÇÃO BATER SEM MEDO

SE VOCÊ QUISER EU DANÇO COM VOCÊ
MEU NOME É NUVEM
PÓ, POEIRA, MOVIMENTO
O MEU NOME É NUVEM, VENTANIA
FLOR DE VENTO
EU DANÇO COM VOCÊ O QUE VOCÊ DANÇAR

"CRAVO E CANELA"
(Milton Nascimento - Ronaldo Bastos)

Cantam: **Milton Nascimento e Lô Borges**
Violão: **Toninho Horta**
Guitarra: **Tavito**
Piano: **Wagner Tiso**
Bateria: **Robertinho**
Baixo: **Luiz**
Surdo: **Lô Borges**
Percussão: **Beto Guedes, Robertinho, Luiz**

É MORENA QUEM TEMPEROU,
CIGANA QUEM TEMPEROU O CHEIRO DO CRAVO
É CIGANA QUEM TEMPEROU,
MORENA QUEM TEMPEROU A CÔR DE CANELA

A LUA, MORENA
A DANÇA DO VENTO
O VENTRE DA NOITE
E O SOL DA MANHÃ

A CHUVA CIGANA
A DANÇA DOS RIOS
O MEL DO CACAU
E O SOL DA MANHÃ

"DOS CRUCES"
(Carmelo Larrea)

Canta: **Milton Nascimento**
Violão: **Tavito e Milton Nascimento**
Órgão e piano: **Wagner Tiso**
Baixo: **Toninho Horta**
Baixo (arco): **Luiz**
Bateria: **Rubinho**
Percussão: **Robertinho, Luiz, Nelsinho, Beto Gue...**
Guitarra: **Beto Guedes**
Vocal: **O Povo**

SEVILLA TUVO QUE SER
CON SU LUNITA PLATEADA
TESTIGO DE NUESTRO AMOR
BAJO LA NOCHE CALLADA
Y NOS QUISIMOS TU Y YO
CON UN AMOR SIN PECADO
PERO EL DESTINO HA QUERIDO
QUE VIVAMOS SEPARADOS

ESTAN CLAVADAS DOS CRUCES
EN EL MONTE DEL OLVIDO
POR DOS AMORES QUE HAN MUERTOS
SIN HABERSE COMPRENDIDO
ESTAN CLAVADAS DOS CRUCES
EN EL MONTE DEL OLVIDO
POR DOS AMORES QUE HAN MUERTOS
QUI SON EL TUYO Y EL MIO

OH! VALLE DE SANTA CRUZ
OH! PUERTO DE DOÑA ELVIRA
OS VUELVO YO A RECORDAR
Y ME PARECE MENTIRA
YA TODO AQUELLO PASÓ
TODO QUEDÓ EN EL OLVIDO
NUESTRAS PROMESAS DE AMORES
EN EL AIRE SE HAN PERDIDO.

"UM GIRASSOL DA CÔR DE SEU CABELO"
(Lô Borges — Marcio Borges)

Canta: **Lô Borges**
Piano: **Lô Borges**
Órgão: **Wagner Tiso**
Bateria: **Rubinho**
Baixo: **Beto Guedes**
Guitarras: **Tavito e Nelson Angelo**
Arranjo: **Eumir Deodato**
Regência: **Paulo Moura**
Côro: **Beto Guedes, Toninho Horta, Lô Borges**

VENTO SOLAR E ESTRÊLA DO MAR
A TERRA AZUL DA CÔR DE SEU VESTIDO
VENTO SOLAR E ESTRÊLAS DO MAR
VOCÊ AINDA QUER MORAR COMIGO
SE EU CANTAR NÃO CHORE NÃO
É SÓ POESIA
EU SÓ PRECISO TER VOCÊ POR MAIS UM DIA
AINDA GOSTO DE DANÇAR, BOM DIA, COMO [VAI VO...

SOL, GIRASSOL, VERDE VENTO SOLAR
VOCÊ AINDA QUER MORAR COMIGO
VENTO SOLAR E ESTRÊLAS DO MAR
UM GIRASSOL DA CÔR DE SEU CABELO
SE EU MORRER NÃO CHORE NÃO
É SÓ A LUA
É SEU VESTIDO CÔR DE MARAVILHA NUA
AINDA MORO NESTA MESMA RUA, COMO [VAI VO...
VOCÊ VEM, OU SERÁ QUE É TARDE DEMAIS?
O MEU PENSAMENTO TEM A CÔR DE SEU VEST...
OU UM GIRASSOL QUE TEM A CÔR DE SEU [CABE...

"SAN VICENTE"

(Milton Nascimento - Fernando Brant)

a: Milton Nascimento
ão: Tavito
arra: Lô Borges
ria: Rubinho
: Carrilhão - Beto Guedes
o: Wagner Tiso
ussão: Robertinho, Luiz, Nelson Ângelo e
Paulinho Batera
: Tavito

RAÇÃO AMERICANO
ORDEI DE UM SONHO ESTRANHO
GOSTO VIDRO E CORTE
SABOR DE CHOCOLATE
CORPO E NA CIDADE
SABOR DE VIDA E MORTE
RAÇÃO AMERICANO
SABOR DE VIDRO E CORTE

SPERA NA FILA IMENSA
CORPO NEGRO SE ESQUECEU
AVA EM SAN VICENTE
CIDADE E SUAS LUZES
AVA EM SAN VICENTE
MULHERES E OS HOMENS
RAÇÃO AMERICANO
SABOR DE VIDRO E CORTE

HORAS NÃO SE CONTAVAM
O QUE ERA NEGRO ANOITECEU
UANTO SE ESPERAVA
ESTAVA EM SAN VICENTE
UANTO ACONTECIA
ESTAVA EM SAN VICENTE
RAÇÃO AMERICANO
SABOR DE VIDRO E CORTE.

"ESTRÊLAS"

(Lô Borges - Márcio Borges)

nta: Lô Borges
anjo: Eumir Deodato
ência: Paulo Moura
ão: Lô Borges
: Wagner Tiso, Beto Guedes, Toninho Horta, Robertinho, Milton Nascimento e Luiz Gonzaga Jr.

IRA, NA NOITE
FESTA DA NOITE
EIRA, ESTRELA DA MORTE.
TA NEGRA AMOR
S É TARDE.

"CLUB DA ESQUINA N.º 2"

(Milton Nascimento — Lô Borges)

ejo: Milton Nascimento — Violão, Solo e Voz
tarra: Lô Borges
o: Luiz
ria: Robertinho
tarra: Nelson Ângelo
anjo: Eumir Deodato
ência: Paulo Moura
ão: Wagner Tiso

"PAISAGEM DA JANELA"

(Lô Borges - Fernando Brant)

: Lô Borges
o: Lô Borges
arra: Nelson Ângelo e Tavito
o: Beto Guedes
ria: Rubinho

JANELA LATERAL
QUARTO DE DORMIR
O UMA IGREJA, UM SINAL DE GLÓRIA
O UM MURO BRANCO E UM VÔO PÁSSARO
O UMA GRADE UM VELHO SINAL

SAGEIRO NATURAL
COISAS NATURAIS
ANDO EU FALAVA DESSAS CÔRES MÓRBIDAS
ANDO EU FALAVA DESSES HOMENS SÓRDIDOS
ANDO EU FALAVA DESSE TEMPORAL
CÊ NÃO ESCUTOU
VOCÊ NÃO QUER ACREDITAR
MAS ISSO É TÃO NORMAL
VOCÊ NÃO QUER ACREDITAR
E EU APENAS ERA
CAVALEIRO MARGINAL
LAVADO EM RIBEIRÃO
CAVALEIRO NEGRO QUE VIVEU MISTÉRIOS
CAVALEIRO E SENHOR DE CASA E ÁRVORES
SEM QUERER DESCANSO NEM DOMINICAL

CAVALEIRO MARGINAL
BANHADO EM RIBEIRÃO
CONHECI AS TÔRRES E OS CEMITÉRIOS
CONHECI OS HOMENS E OS SEUS VELÓRIOS
QUANDO OLHAVA DA JANELA LATERAL
O QUARTO DE DORMIR
VOCÊ NÃO QUER ACREDITAR
MAS ISSO É TÃO NORMAL
VOCÊ NÃO QUER ACREDITAR
MAS ISSO É TÃO NORMAL
UM CAVALEIRO MARGINAL
BANHADO EM RIBEIRÃO
VOCÊ NÃO QUER ACREDITAR.

"ME DEIXA EM PAZ"

(Monsueto - Ayrton Amorim)

Cantam: Alaíde Costa e Milton Nascimento
Violão: Milton Nascimento
Órgão e piano: Wagner Tiso
Baixo: Luiz
Bateria: Robertinho
Surdo: Nelson Ângelo
Percussão: Lô Borges, Beto Guedes e Rubinho

SE VOCÊ NÃO ME QUERIA
NÃO DEVIA ME PROCURAR
NÃO DEVIA ME ILUDIR
NEM DEIXAR EU ME APAIXONAR

EVITAR A DOR
É IMPOSSÍVEL
EVITAR ESSE AMOR
É MUITO MAIS
VOCÊ ARRUINOU A MINHA VIDA
ME DEIXA EM PAZ.

"OS POVOS"

(Milton Nascimento - Márcio Borges)

Canta: Milton Nascimento
Violão: Milton Nascimento
Piano e Órgão: Wagner Tiso
Baixo: Luiz
Percussão: Tavito
Bateria: Robertinho

NA BEIRA DO MUNDO
PORTÃO DE FERRO
ALDEIA MORTA, MULTIDÃO
MEU POVO, MEU POVO
NÃO QUIS SABER DO QUE É NOVO
NUNCA MAIS
E MINHA CIDADE
ALDEIA MORTA, ANEL DE OURO, MEU AMOR
NA BEIRA DA VIDA
A GENTE TORNA A SE ENCONTRAR SÓ
CASA ILUMINADA
PORTÃO DE FERRO, CADEADO, CORAÇÃO
EU RECONQUISTADO VOU PASSEANDO
PASSEANDO E MORRER
PERTO DE SEUS OLHOS
ANEL DE OURO, ANIVERSÁRIO, MEU AMOR
EM MINHA CIDADE
A GENTE APRENDE A VIVER SÓ
AH! UM DIA QUALQUER, DIA DE CALOR
HÁ SEMPRE MAIS UM DIA DE LEMBRAR
A CORDILHEIRA DE SONHOS QUE A NOITE APAGOU
E MINHA CIDADE, PORTÃO DE OURO
ALDEIA MORTA, SOLIDÃO
MEU POVO, MEU POVO
ALDEIA MORTA, CADEADO, CORAÇÃO
E EU RECONQUISTADO, VOU CAMINHANDO
CAMINHANDO E MORRER
DENTRO DE SEUS BRAÇOS
A GENTE APRENDE A MORRER SÓ
MEU POVO, MEU POVO
PELA CIDADE A VIVER SÓ.

"SAIDAS E BA

(Milton Nasciment

Cantam: Milton Nascim
Violão: Milton Nascimen
Baixo: Beto Guedes
Guitarra: Nelson Ângelo
Bateria: Rubinho
Percussão: Lô Borges

O QUE VOCÊS DIRIAM

O QUE VOCÊS FARIAM
O QUE ERA PEDRA VI
QUEM VAI SER O SEG

ANDAR POR AVENIDAS

JUNTAR TODAS AS FO

O QUE ERA PEDRA VI
E UM HOMEM E MAIS

"UM COS

(Milton Nasciment

Canta: Milton Nascimen
Orquestra, arranjo: Eum
Regência: Paulo Moura

ALGUÉM QUE VI DE P
NUMA CIDADE ESTRAN
LEMBROU OS SONHOS
E ESQUECI SOBRE A M
COMO UMA PERA SE
DORMINDO NUMA FRU
COMO ADORMECE UM
SONHANDO NA CARNE
O SOL NA SOMBRA SE
DORMINDO NUMA CAD
ALGUÉM SORRIU DE PA
NUMA CIDADE ESTRAN
LEMBROU O RISO QUE
E ESQUECI ENTRE OS
COMO UMA PERA SE
SONHANDO NUMA FRU

"PELO AM

(Milton Nascimen

Canta: Milton Nascimen
Violão: Milton Nascimen
Órgão, piano elétrico:
Piano: Nelson Ângelo
Guitarra: Beto Guedes
Baixo: Luiz
Bateria: Rubinho
Percussão: Robertinho
Vocal: Lô Borges

FOTOS DE UMA VELHA
OSSOS TÃO ANTIGOS,
NO MEIO DAS FOTOS
VAI RODANDO UM RATO
CORRE UM RATO
PEGA, PELO AMOR DE
ONTEM LI NUM ALMAN
AVENTURAS DE PASTOR
QUANDO EU TERMINAV
UMA VOZ DE RUA
DISSE COISAS
CERTAS, PELO AMOR
RECUSANDO A SOBREM
UM PRATO DE OURO E
COMO O VELHO CHAP
EU JOGO NA CARA
TANTA COISA
POBRE, PELO AMOR DE
BEIRA-MAR DE UMA
PANORAMISANDO NUA
CORPO CONTRA CORPO
PELE CONTRA PELE
O SEU CORPO É
BELO, PELO AMOR DE

Milton Nascimento

Milton, conta para gente da sua experiência, sua participação nos bailes lá em Minas Gerais, quando você tocava contrabaixo.

Bom, eu comecei a tocar profissionalmente com 14 anos, numa boate lá na minha cidade, em Três Pontas. Aliás, eu e o Wagner Tiso, começamos juntos, na mesma noite. Nós éramos vizinhos. Foi a maior escola que a gente teve, toda noite, de dez até cinco horas da manhã. E aí fizemos outros grupos, que a gente fazia baile em outras cidades. O sul de Minas, a gente correu aquilo tudo. Depois repartimos o grupo W's Boys, que era lá de Alfenas, com o pessoal de Belo Horizonte. Fizemos um conjunto lá, Holiday, em que começou uma confusão danada.

O que você fazia nesse grupo com Wagner Tiso?

Várias coisas. Eu geralmente cantava, tocava um violão, isso durante os bailes. Mas aí depois a gente ficou conhecendo o pessoal de jazz, bossa nova, em Belo Horizonte, e era a época dos trios. Um dia eu estava lá na minha pensão, aí chega o Wagner

Um rapaz chegou para mim e perguntou o que estava acontecendo comigo. Eu falei: “ué, mas por que você está falando isso?” “Você já prestou atenção nos arranjos que você faz para as músicas dos outros?”. Eu falei que, obviamente, sim. Ele falou: “não, não prestou, senão você ia saber que eram outras músicas. Acho que o que está te mexendo aí é vontade de compor.”

e fala: "arrumei um emprego para a gente tocando num lugar chamado Berimbau, e começa hoje". Eu fiquei super feliz, daí ele: "é, mas só que você tem que aprender contrabaixo". Eu disse: "Wagner, você está maluco! Nunca peguei num contrabaixo na minha vida". Ele falou que era pegar ou largar, e me mandou procurar o Hildeu, que era um baixista de lá, pedir o contrabaixo emprestado, perguntar umas dicas e pronto. Eu fui lá e o Hildeu foi paciente. Fomos para o Berimbau, que naquela época era no Edifício Maleta, o local da música mesmo. Como eu nunca tinha tocado aquilo, eu nunca ia adivinhar o tanto de sangue que ia escorrer das minhas mãos. Chegou uma hora que eu pensei que estava ficando louco, mas resolvi não parar. Aí botei esparadrapo, mas não adiantou nada, e mais sangue descendo. Aí foi indo, foi indo assim uma semana e pouco. Porque quando eu pego eu não largo; e o contrabaixo acabou sendo o instrumento que eu tenho mais afinidade, que eu gosto mesmo. Eu, ultimamente, voltei a tocar, depois que a gente começou a fazer o show do *Pietá*. Lá em Belo Horizonte eu só cantava. E a gente fazia os arranjos, eu, Wagner, Paulinho Braga, que é o batera, também. Até que teve uma noite, do lado de fora, que um rapaz chegou para mim e perguntou o que estava acontecendo comigo naquela noite. Eu falei que nada estava acontecendo, mas ele insistia que tinha algo diferente, e eu não conhecia o cara. Aí eu falei: "ué, mas por que você está falando isso? Eu não tenho nada para reclamar. Estou aqui fazendo o que eu gosto, dinheiro não tenho, mas não estou nem aí." Mas ele falou que tinha ainda alguma coisa, e insistiu: "você já prestou atenção nos arranjos que você faz para as músicas dos outros?". Eu falei que, obviamente, sim. Ele falou: "não, não prestou, senão você ia saber que eram outras músicas. Acho que o que está te mexendo aí é vontade de compor". Mas eu falei que não queria compor. O que eu gostava mesmo era de pegar as músicas dos outros e cantar da minha maneira, de um jeito que ninguém cantasse. E aí foi muito tempo, a gente acabou ficando amigo, que era o Márcio Borges. Acabamos ficando amigos e foi uma coisa interessante porque Belo Horizonte fervilhava cultura. Cinema, literatura, música, tudo; era muito bom Belo Horizonte, naquela época. E a gente ia fazer as coisas sempre juntos, ver filme francês, discutir negócio de diretor, esse negócio todo. Eu já era um fã de cinema desde Três Pontas, mas eu não conhecia tantos detalhes da coisa, e aí com o Marcinho, a gente ia e via tudo. Ele todo dia ficava me enchendo o saco para fazer música, e eu falava que não queria fazer. E teve uma vez que ele viu um filme e falou: "o Bituca tem que ver isso". Para quem não sabe, Bituca é o meu nome, Milton Nascimento é só para fingir. Eu estava na rua e ele andando para tudo quanto era lado, nos lugares que eu costumava ir, e não me achava de jeito nenhum, mas eu estava atrás dele. Então ele atravessava a rua, eu atravessava junto. Ele ia virar pra cá, eu virava junto. E ficou um tempão, aí uma hora eu não aguentei, dei uma risada. Quase que eu apanhei no meio da rua, foi muito tempo eu atrás dele. Aí ele falou "vamos entrar no cinema para você ver esse filme", que era *Jules et Jim*. Nós entramos na sessão das duas e saímos às dez horas da noite. Tinha uma história dentro da minha família, com minha mãe, com meu pai, que o principal das nossas vidas era a amizade. E como a gente estava meio longe, eu sentia falta daquelas coisas. Quando eu vi aquele filme, eu falei: "não é possível, como um cara vai buscar uma coisa tão bonita!". Eram dois amigos apaixonados pela mesma mulher, mas uma coisa muito bonita. Aí quando a gente saiu, eu falei com o Marcinho: "o negócio é o seguinte, vamos para tua casa. Eu pego o violão, você pega um caderno, começa a escrever e eu vou compor. Vamos começar hoje, depois desse filme". E aí fizemos três músicas. Minhas primeiras três músicas no quarto do Marcinho, tudo nessa noite, sem parar. É uma coisa interessante porque eu acho que o cinema me acompanha mesmo. É possível fazer um filme de várias músicas minhas. Eu fiquei lá em Belo Horizonte bastante tempo. Tinha o ponto dos músicos, que a gente se reunia para fazer baile, contratar isso, contratar aquilo. Um pessoal muito legal, era a primeira vez que eu conhecia esse tipo de músico. Era uma coisa muito bonita porque todo mundo era amigo de verdade, não tinha competição. A gente fazia festivais disso e daquilo, mas não para competir. Todo mundo ia aos shows dos outros, então foi uma época das mais bonitas. Tem um compositor lá em Belo Horizonte que se chama Pacífico Mascarenhas, ele compõe até hoje muita bossa nova. Ele nos viu, eu e Wagner, achou um barato e resolveu fazer um disco, *Sambacana*. Aí foi a primeira vez que eu pisei naquele estúdio da Odeon. Quando eu voltei para Belo Horizonte passou um tempo. Aí mudei para São Paulo porque eu fui chamado para participar do Berimbau de Ouro, que era um festival que tinha pelo Brasil inteiro. Cada eliminatória era em um estado. Para dizer a verdade, eu quase desisti da música por causa desse festival. Eu estava acostumado com o pessoal de Belo Horizonte. A única coisa positiva que eu tive desse festival foi uma amiga, que eu conheci quando ela tinha 15 anos, e somos amigos até hoje. Sou padrinho dos dois filhos dela e a música está entre a gente. No entanto, musicalmente, eu me decepcionei: "mexer com música é isso? Então eu não vou querer mexer com música mais". Aconteceu que quando acabou o festival, eu fiquei em São Paulo. Teve duas coisas interessantes. Eu estava ensaiando no dia do encerramento, e a Elis tinha ganho o primeiro Berimbau de Ouro com "Arrastão". E eu super fã assim, já tinha conhecido ela, nem sabia se ela se lembrava de mim, antes dela ser conhecida. Aí quando eu estava saindo ouvi um barulho de um tamanco. Olhei e vi que era ela, veio toda a timidez, toda a coisa do mundo, peguei e abaixei a cabeça e passei por ela. Aí eu ouvi um barulhão de tamanco "pá": "mineiro não tem educação, não?! Quando a gente se encontra de manhã fala bom dia; de tarde, boa tarde; e de noite, boa noite". Daí eu tentei me explicar, todo tímido. E ela disse: "não tem essa não; eu quero que você vá na minha casa me mostrar suas músicas, para a gente escolher música para o meu próximo disco". Desse momento em diante, eu fui na casa dela, conheci o [Gilberto] Gil. O Gil estava ajudando a Elis a escolher as músicas. Eu toquei umas vinte e tantas músicas. O Gil jura que é mentira. Eu não aguentava mais tocar e eles não escolhiam a música. O Gil diz que na quinta já estava, mentira dele. Chegou um momento em que eu parei e eles perguntaram se não tinha mais nenhuma música. Eu tinha feito uma música num escritório que eu trabalhei em Belo Horizonte, e teve uma época que eu li um livro sobre canções de trabalho. Fiquei muito fascinado com aquilo e resolvi fazer uma música de trabalho. Fiquei pensando sobre essa coisa de música de trabalho aqui no Brasil, porque lá em Minas tem um pessoal de plantação de algodão que canta, e os outros repetem lá na frente, mas eu não sabia disso. Aí eu lembrei que quando eu era pequeno, a gente vinha passar as férias aqui no Rio. A minha madrinha levava a gente para Cabo Frio, para esses lugares assim, e tinha salina. Então eu lembrei do negócio das salinas e comecei a escrever na máquina, que eu era o datilógrafo do escritório.

Você era bom datilógrafo?

Muito bom. Aí tocava, escrevia, escrevia, escrevia. E ia escrevendo uma música, assim, do lado de cá. Só pra garantir que eu ia saber como é que eu ia dividir. Então fiz isso e fui mostrar para o Marcinho. Mostrei a letra, ele gostou e perguntou da música. Eu falei que a música não estava boa, não tinha nada, mas ele insistia que queria ouvir. Eu sou meio assim.

A relação de vocês é assim?

Com todo mundo. Tem sempre um não na frente sabendo que vai dar sim. Mostrei para ele, daí ele falou assim: "você é louco? Essa música é linda!". Mas não me convenceu. Lá na casa da Elis, mais tarde, não tinha mais música, eu já tinha tocado quase tudo. Aí eu lembrei dessa e comecei a tocar, "Canção do sal". Ela falou: "é essa!". E aí começou minha outra parte da coisa, composição, intérprete e tudo mais. Começar por Elis Regina para mim foi o céu.

Voltando um pouquinho, Milton, explica para a gente por quê tocar em baile, música dos outros, durante a noite inteira, é uma boa escola?

Primeiro porque você fica o tempo todo estudando. Tem outra coisa, o cantor tem que agradar as pessoas que estão dançando. Então era uma época que tinha música italiana, música francesa, portuguesa, tango, samba, samba-canção, bolero, você cantava uma porção de coisas, e nas línguas originais, o pessoal gostava assim. Então foi uma coisa que abriu um caminho na minha cabeça para tudo. Foi realmente uma coisa que acontece com todo músico de baile; ali é uma escola. O baile ajudou tanta gente em tudo, que aí, bem mais tarde, eu resolvi fazer um CD chamado *Crooner* [WEA, 1999], que é uma homenagem aos músicos da noite, os cantores da noite. Aí me juntei ao Wagner, meu companheiro de sempre. É incrível porque você pode cantar durante a noite inteira e não ficar rouco, aprende a controlar a voz; às vezes aprende até a falar uma língua. Tem que tocar tudo, todo tipo de música, até clássica. Então, tocar na noite, para mim, é a grande escola de música.

Como foi esse momento de decidir pegar o violão, fazer música e cantar?

Bom, eu vou ter que confessar uma coisa aqui. Mas aconteceu só uma vez, isso que eu vou confessar. A minha mãe cantou no coral de Villa Lobos, aqui no Rio. Depois mudou pra Três Pontas, não sei por quê. Uma mulher tão bonita que devia ter ido para Hollywood; não, foi para Três Pontas. Antes dela mudar para lá, tinha um piano na casa da minha madrinha, que era da mãe dela. Ela começava a tocar e eu desse tamanhinho ia lá e ficava do lado. Então, isso aí vai dar para música mesmo, e assim foi indo, logo depois ganhei uma sanfoninha. Bom, vou contar logo. Nós fomos agora a Paris, fazer um concerto com a sinfônica da França. E aconteceu que, de repente, a sanfona estava lá em Paris, sei lá por quê ela foi parar lá. E ela ficou do lado e a gente estava ensaiando, ensaiando. A sanfona, a diferença dela para o acordeon é que não são notas brancas e pretas. São botões, e não há sustenidos nem bemois, ela não tem nada. Eu lembro que quando eu tocava na praça com minha mãe, tinha hora que a nota que vinha não tinha ali, aí eu fazia com a voz. Agora, não me pergunta como, porque eu não faço ideia como eu conseguia fazer isso. Então a sanfona foi lá para Paris e, uma coisa interessante que aconteceu é que foi o primeiro show, em toda a minha vida, que eu fiz lendo uma partitura. Enquanto eu estava ensaiando, teve uma música de Ravel que eu olhei a armadura de clave e vi que estava em Sol maior, e a sanfona é em Sol maior. Aí começamos a tocar. Além da orquestra, tinha o saxofonista e o trompetista. Foi cada um fazendo o seu improviso. Mas na hora do trompetista eu falei comigo assim: "vou entrar antes dele". Antes dele dar a primeira nota eu já dei uma porção na sanfona, ele não sabia de onde estava saindo aquilo. E a gente foi fazendo e saiu muito legal. Foi um barato. No show, quando sai aquela sanfoninha e toca junto com a sinfônica, emociona. Todo mundo chorou, inclusive eu, e a sanfona também [*risos*]. A minha mãe nunca pensou nisso, eu nunca pensei, a sanfona nunca pensou, nem ninguém, nem Ravel pensou que algum dia essa sanfona pudesse subir no palco com uma sinfônica e tocar a música dele. Foi demais para ela. Daí ela teve um desmaio lá, não sei o que houve, tivemos que levar para o hospital, ajeitar os botões dela. Todo mundo gostou, ninguém nunca tinha visto aquilo, nem eu.

Fala do momento que você percebeu que tinha que tocar, profissionalmente ou não, mas você tinha que tocar. Tem uma hora em que o músico é escolhido.
O negócio é o seguinte: eu tinha lá a sanfona, era meio difícil, aquele negócio todo. E teve um dia que tocou a campainha lá de casa, eu fui atender, era o correio. Era uma caixa que parecia um instrumento, um violão. Assinei lá o negócio e levei o violão para o meu quarto. Era para a minha mãe, mas ela não viu esse violão até o dia que eu resolvi deixá-la ver. Foi o primeiro e único roubo da minha vida. Levei para o quarto, fiquei mexendo, mexendo, até que saiu uma música, que era aquele "Risque", do Ary Barroso. Aí chamei minha mãe para ver uma coisa lá no quarto. Aí cantei para ela. Foi uma emoção só. Ela até esqueceu que o violão que eu estava era dela, que a mãe dela tinha mandado. Aí com o violão foi mais fácil trazer o Wagner para junto, que a gente fazia as coisas. E com 14 anos eu entrei naquele negócio, é música e acabou. Essas histórias são interessantes na vida da gente.

Nesse período em que você ficava no seu quarto com o violão, o que você ouvia? Você já citou Ary Barroso, mas você

Eu tinha lá a sanfona, era meio difícil, aquele negócio todo. Um dia que tocou a campainha, era o correio. Levei o violão para o meu quarto, fiquei mexendo, mexendo, até que saiu uma música. Aí chamei minha mãe para ver, cantei para ela. Foi uma emoção só. Ela até esqueceu que o violão que eu estava era dela. Aí com o violão foi mais fácil trazer o Wagner para junto, que a gente fazia as coisas. E com 14 anos eu entrei naquele negócio, é música e acabou.

ouvia mais algum outro artista, brasileiro ou não, para começar a aprender o violão?

Eu tenho para mim uma pessoa que foi mestra de tudo, a Ângela Maria. Porque a Ângela Maria tinha uma maneira de cantar que ninguém tinha. Eu acho que até influenciou esse negócio que o Marcinho falou depois, que eu fazia as coisas diferentes. Porque todo mundo cantava de um jeito, a Ângela Maria vinha com uma coisa que a gente não sabia de onde ela tinha tirado. Escutava também muitos artistas da Rádio Nacional. Lá em casa tinha muita música de opereta, de filmes, clássicos e tudo. O meu pai gostava de um tanto de coisas, minha mãe de outro tanto, e eu gostava de tudo. Agora, o principal mesmo do negócio de cantar foram as mulheres. Quando eu era pequeno, só gostava de ouvir voz de mulher. Porque achava que as mulheres cantavam com o coração e os homens queriam demonstrar que tinham poder na voz, e eu ficava imitando todas que eu podia. Não sei nem como eu conseguia alcançar aquele negócio. Até o dia que eu comecei a pensar que minha voz estava esquisita. Estava engrossando, e isso me deixou maluco, fiquei numa choradeira porque eu não queria ter a voz grossa. Aí teve um dia que eu estava na janela da oficina do meu pai, olhando lá para fora, sem saber o que eu ia fazer da minha vida. De repente começou a tocar uma música no rádio que eu quase nem respirei. Quando acabou eu fiquei sabendo que era o Ray Charles com "Stella by Starlight". Eu pensei: "ah, homem pode ter coração também!" O Ray Charles salvou minha vida e também me deu uma lição de que muitos outros cantores, que até então eu não gostava, era para eu prestar um pouquinho mais de atenção, porque tinha muita gente, muito homem que cantava legal. O engraçado é que as vozes femininas me auxiliaram tanto que até hoje eu vou lá em cima de uma maneira mais fácil do que poderia ser; isso eu devo muito às mulheres.

Quem você imitava nessa época? Quais cantoras?
A Ângela Maria, que eu já falei que era a rainha. Tinha Dalva de Oliveira e Lana Bittencourt. Essa Lana Bittencourt tem até um negócio porque ela cantava vários tipos de música, então tudo que ela cantava era fantástico. Os sambas-canções que ela cantava eram simplesmente de matar. E depois as americanas, muitas também. Ella Fitzgerald, Sarah Vaughan um pouco mais tarde, Billie Holiday, e mais outras. O pessoal morria de rir, mas eu gostava da Doris Day. Ninguém acreditava, a rainha do imperialismo. Eu gostava; eu até parei de falar na Doris Day, até que o Hitchcock pensou como eu e a botou num filme, *O Homem que sabia demais*. Era muito bonito porque era suave, as orquestrações eram lindas.

E os filmes eram bons também, da Doris Day. Eu cresci nesse ambiente de Doris Day. Em casa tocava-se muito Nat King Cole e Doris Day. Eram os artistas prediletos dos meus pais. Mudando de assunto, o que você foi fazer no disco do *Sambacana*, lá no estúdio da Odeon?
Pois é, quando a gente mudou para Belo Horizonte a gente foi muito bem recebido por todos os músicos de lá. Foi o Pacífico Mascarenhas que me chamou, além do Wagner, para a gente fazer parte do próximo *Sambacana*, porque cada disco é com pessoas diferentes. Aí a gente tinha o Marcos Minhoca, que era o arranjador dos vocais, tinha o Wagner e tinha o Sergio, esse faz tempo que eu não vejo. Então viemos para o Rio, e foi uma maluquice, porque quando a gente chegou aqui no estúdio estavam todos os músicos que a gente gostava dos discos dos outros para tocar com a gente.

Você lembra quem eram?
O Meireles, ah, muita gente! O Maciel, um dos irmãos. Um mon-

te de músicos. Fizemos o disco e eu voltei para Belo Horizonte, o Wagner ficou aqui no Rio. Mas eu não queria ficar em Belo Horizonte mais. Fazendo o disco do Pacífico, resolveram me chamar para cantar no festival. Tirando a parte ruim do festival, teve umas coisas muito interessantes. Porque tinha uma sala em que ficavam os músicos e ficavam as partituras. Ficava lá um monte de gente boa, Airto Moreira, o Luís Carlos Vinhas. Enquanto o pessoal estava lá com as partituras, eu resolvi dar uma olhada nas outras que estavam ali. Aí olhava assim. Aí passei uma, passei outra e falei "essa aqui é do Baden". Tirei e tal, aí fui lá, eles tocaram a música para mim e eu sumi. E eles ficaram malucos, porque aquela música estava programada cantar. E eles não sabiam o autor por conta do regulamento do festival.

De quem que era essa música?

Baden Powell. E aí fui para Belo Horizonte. Fiquei, treinei tudo direitinho e aprendi. Depois voltei para o festival e dei um jeito, acabei conhecendo o Baden. Aí ele "mas como você soube que a música era minha?". Falei: "ah, quem não sabe?".

Não estava escrito na partitura dele?

Não, não podia saber de quem era.

Que música você foi defender no festival nacional?

Chamava-se "Cidade vazia", dele e Lula Freire.

Foi sua estreia nesse festival?

Foi. Cantei lá no Rio Grande do Sul. Foi uma coisa muito linda. Lá foi legal. Depois que veio para São Paulo, melou, ficou devagar, muito devagar.

Você teve uma experiência como locutor de rádio também, não teve?

Isso eu tinha 15 anos de idade. Meu pai e meu tio arrendaram a rádio de Três Pontas. Eu tinha vários programas, mas o que eu gostava mais era o *Você pede a música*, o programa em que quem manda é o ouvinte. A minha sorte é que eu tinha alguns amigos que moravam aqui no Rio ou em São Paulo e chegavam lá em Três Pontas com discos novos, porque a rádio não tinha dinheiro para comprar. Aí eu encontrava com eles, a gente ouvia os discos e falava: "telefona para lá amanhã e pede essa música que eu vou botar". Então era assim, no telefone só amigo. Ninguém sabia, mas eram os amigos. E foi uma época muito legal, porque, apesar de não ser uma rádio muito rica, tinha muita coisa boa para a gente ouvir ali. Foi muito bom.

O ambiente na casa da família Borges era legal, Milton? Como era a amizade, o astral, a energia? A atmosfera era boa para fazer música?

Era tão legal que eu, de visitante, passei a ser o décimo segundo filho. Todo mundo musical, e bons mesmo. Teve até uma coisa interessante, que a gente foi com alguns músicos tocar lá com o Marilton, que é o filho mais velho. Aí chegou o pai do Marilton e a gente se preocupou: "ih, chegou o homem". Ficamos com medo, assim. Ele entrou, falou boa noite, foi para a cozinha. Aí quando ele voltou, ele olhou com uma cara que eu pensei que ele estava bravo. Mas não, ele estava lá fazendo um mexido para a gente. Trouxe o prato com um mexido dos melhores que eu já comi na minha vida. Tem uma outra coisa importante sobre essa história do rádio. Lá em Três Pontas o rádio não pegava tão bem. Então as músicas que a gente gostava, principalmente eu e Wagner, às vezes tocavam só de mês em mês. Mas a gente ficava o tempo todo procurando e quando achava, um escrevia a música e o outro escrevia a letra. Mas não tinha condição de entender a harmonia porque não era bom o rádio. Então, o que acontecia? A gente construía uma harmonia em cima daquela música e achava bom pra caramba. Foram muitas músicas que a gente fez assim. Isso foi também um grande empurrão, porque quando a gente foi para Belo Horizonte, fomos ver os músicos profissionais de lá, tocando aquelas músicas, e era tudo diferente. Falei: "meu Deus do céu, nós estamos tocando tudo errado. Vamos ter que aprender tudo de novo". Mas os músicos de lá falaram "não, não mexe nisso aí que vocês fazem porque ninguém faz isso. É muito bonito". Até eu me convencer, demorou um pouquinho. Por exemplo, quando eu vim ao Rio num Natal que eu passei com a família da Elis Regina, eu estava procurando o Wagner e ouvi falar de um pianista de Minas que tocava "Blue Moon" ao contrário. Achei aquilo estranho e logo vi que só podia ser o Wagner. Mas eu pensei: "ao contrário não". Aí que eu fui sacar. É porque ele tinha uma mania de conduzir a música que não era esse normal. A gente tinha muito disso, mas ele era o rei desse negócio. Então o pessoal ia às boates pra ver o cara tocar "Blue Moon" ao contrário, que estava completamente certinha, só que com as harmonias que ele pensava.

Quando o pessoal ouviu vocês tocarem músicas conhecidas de outra forma, você falou "a gente estava fazendo de outro jeito". Esse outro jeito era uma harmonia que você ouvia, reproduzia, modificava, era isso?

É. A gente nem modificava porque a gente não ouvia direito. Baixo então, Nossa Senhora, era uma coisa. A gente toca assim por causa disso também. Teve uma vez que eu estava em Alfenas, que é ao lado de Três Pontas, porque o Wagner tinha mudado para lá.

Eu estava com o violão e me deu vontade de cantar "Felicidade". Mas aí eu sabia o que eu estava fazendo. Comecei a fazer uma harmonia para essa música e ficou. Quando a gente fez o disco com o Som Imaginário em 1970, a gente gravou um disco que tem a "Felicidade" do jeito que eu fiz a harmonia lá em Alfenas.

Isso é interessante, porque essa dificuldade toda parece que ajudou a desenvolver e abrir a percepção, não é?
Ajudou. Tudo saiu desse nosso jeito.

Voltando à casa dos Borges, você então praticamente se mudou para lá?
Eu morava numa pensão no mesmo edifício, mas no 4º andar, eles moravam no 17º. Mas ficava ali o dia inteiro, na escada do edifício, tocando. O Lô que conta muito essa história, que a mãe dele pediu para ele comprar pão e ele saiu de casa, aí ouviu uma voz no meio do eco da escada. E foi descendo devagarinho, devagarinho. E a mãe dele está esperando o pão até hoje. [*risos*]

Era você ali?
Era eu. O Lô tinha dez anos, era uma criança ainda.

Como surgiu a ideia de fazer o disco do *Clube da Esquina*?
Eu sempre fui conhecido como brigador. Eu briguei por causa dos Beatles, briguei por causa do Chico Buarque, da voz e das composições, e também do Bill Evans. O pessoal reclamava que o Bill Evans era branco, não sabia tocar jazz. Eu achava uma loucura, ele tocava músicas lindas. No caso do Chico Buarque, quando eu ainda morava em São Paulo, o Chico apareceu, todo mundo falava que o Chico era um ótimo letrista, mas que a música e a voz dele não prestavam. Para mim não era nada disso. Depois, mais

tarde, eu me mudei para o Rio e fiquei muito amigo da Marieta [Severo]. Eu sempre fico amigo das mulheres dos meus amigos, a Dedé do Caetano, e por aí vai. Um dia estava ela e a Miúcha, e eu era apaixonado por ela como atriz. O pessoal falava que ela só aparecia porque era mulher do Chico, aquela confusão, sempre eu brigando. Um dia, depois que eu já tinha ficado amigo do Chico, tinha uma música que estava fazendo um sucesso danado naquela época. Daí eu falei "Chico, toca você essa música". Aí ele tocou e era muito melhor do que a versão que estava fazendo sucesso, harmonicamente e na interpretação dele. Eu acho o Chico um ótimo intérprete. Inclusive quando a gente gravou "O que será?", o "Cálice", essas coisas todas, eu ficava a fim de que entrasse a voz do Chico, porque eu acho a interpretação dele um barato. Então eu tinha que brigar. Porque aquelas músicas eram lindas, as letras também e a voz dele eu acho linda. Não vou brigar com ninguém agora, cada um que pense do jeito que quiser. Mas eu gosto dele e acabou. Então eu estava sempre arrumando uma briga para entrar, Doris Day, essas coisas todas.

Como surgiu a ideia do disco *Clube da Esquina*, com o Lô Borges mais o pessoal todo?

Teve uma vez que eu fui do Rio para Belo Horizonte e cheguei lá na casa dos Borges. Entrei e não tinha ninguém, a casa toda aberta e nenhuma pessoa lá dentro. Aí resolvi sair para tomar qualquer coisa num boteco, e quando eu estava saindo o Lô chegou. Antes desse dia a imagem que eu tinha do Lô era de um garoto de dez anos. Eu falei: "oh Lô que coisa boa, vamos até o boteco ali tomar alguma coisa." Eu pedi uma caipirinha para mim e quando eu ia pedir um guaraná para ele, ele pediu outra caipirinha para ele. Eu dei uma olhada daquelas e ele enfrentou. Foi quando eu vi: "meu Deus do céu, esse menino não é mais criança". Ele pe-

“Lô, você vai me desculpar, mas eu só vim a descobrir que você não era mais criança agora, quando você pediu a caipirinha.” Ele tinha dezessete anos. A gente continuou conversando e ele disse que fazia umas coisinhas no violão e tal. Nós ficamos um tempo, os dois de olho fechado e fazendo a música, fazendo a música. Quando acabou estava lá uma música que, pela letra do Marcinho e por tudo, é o “Clube da Esquina” e era sobre a rapaziadinha que se reunia ali na esquina.

gou e falou comigo: "olha eu adoro as coisas que você faz, sou seu fã e tudo, mas eu tenho uma grande tristeza." Eu perguntei por que. "É que vocês não gostam de mim." Eu falei: "você está louco? Claro que gosto, todos gostamos." Ele reclamou: "mas vocês saem de noite, vão para lá, para cá, vão para tudo quanto é lugar e nunca me chamam para nada." Eu falei assim: "Lô, você vai me desculpar, mas eu só vim a descobrir que você não era mais criança agora, quando você pediu a caipirinha." Ele tinha dezessete anos. A gente continuou conversando e ele disse que fazia umas coisinhas no violão e tal. Eu falei: "então vamos aproveitar que não tem ninguém e vamos para lá ver isso"; e fomos, subimos e ele tocou umas coisas, e de repente começou a fazer uma harmonia que veio logo uma melodia na minha cabeça. Nós ficamos um tempo, os dois de olho fechado e fazendo a música, fazendo a música. Quando a gente abriu o olho já estava o Marcinho com o pai e a mãe dele chorando. Quando acabou estava lá uma música que, pela letra do Marcinho e por tudo, é o "Clube da Esquina" e era sobre a rapaziadinha que se reunia ali na esquina da casa do Lô com a outra rua, Paraisópolis e Divinópolis. E ainda misturava isso com a coisa do Brasil também, a gente tinha e tem uma imaginação forte, eu adoro.

Que coisa é essa?

Eu não sei explicar muito bem, mas como se a ditadura fosse os vizinhos jogando xixi na gente, jogando sal, fazendo tudo; então a letra abordava um tema que servia pra tudo isso. Fizemos essa música, e o Lô começou a deslanchar fazendo uma música atrás da outra, já eu cantei o "Para Lennon e McCartney" antes de gravar com ele. Isso foi em 1970; em 1972 eu fui a Belo Horizonte e falei: "Lô, vamos embora para o Rio e vamos fazer um disco juntos." Aí foi aquele negócio, eu estava com o Som Imaginário aqui no Rio e o Lô queria uns amigos dele lá para tocar. Eu falei para ele levar todo mundo para o Rio. Primeiro foi o Beto Guedes; o Beto é uma peça. Quando eles eram pequenos, eles tinham um grupo que chamava *The Beavers* e era um barato, eles faziam uns vocais bonitos, tinha um deles que era fantástico. Tinha hora que eu achava mais bonito do que o original. Um dia eu pensei: "poxa, tem um programa de jazz e samba na televisão, vou levar esses meninos para cantar lá." Conversei com todo mundo e todo mundo concordou; e o Beto falou: "Não, não vou cantar essas porcarias dessas músicas que não servem para nada", me deu um esporro que eu só pude concordar. Quando a gente veio, quando ele veio para o Rio para a gente começar a organizar o *Clube da Esquina*, fui eu que fiz força para ele vir. Falei para o Lô trazer aquele amigo dele. Ele chegou a ir lá em casa e disse que não me conhecia. Eu falei: "Beto, você está louco? Você não me conhece?" Ele falou: "não, nunca te vi." Eu perguntei como ele tinha esquecido daquele dia em que ele quase acabou com a minha raça. "Não, isso não aconteceu." Ele não lembrava que me conhecia. Olha a cabeça do indivíduo. Bom, então eu continuei a fazer umas músicas, eu morava perto do Cristo, e fiz "Nada será como antes", uma porção de músicas. O Lô fez um tanto também, muita música. Até que começou uma confusão de política e polícia atrás da gente. Nessa época, muitos amigos nossos, artistas e tudo, foram mandados embora do país, e outros tiveram que sair e tal. Mas eu falei: "eu não saio do Brasil de jeito nenhum, pode até me matar, mas eu não saio". Era uma perseguição mesmo.

Como era, Milton? Conta um pouquinho disso, dessa perseguição.

Tudo que acontecia lá no prédio diziam que era a gente. Eu fui parar na delegacia várias vezes, fui parar no DOPS, e toda música que a gente fazia tinha alguma coisa, no *Clube da Esquina* já tinha música censurada, mas a gente conseguiu dobrar a coisa de alguma forma. Então a gente alugou uma casa em Mar Azul, em Niterói, um negócio fantástico mesmo porque a casa ficava na beira da praia. Ficava lá eu, Lô, Beto e um primo meu; a primeira noite foi um barato. A gente estava lá sentado na sala, de repente começa um tiroteio, uma confusão, uma gritaria. Não entendemos nada, nem conseguimos dormir. No dia seguinte de manhã o cara que tomava conta da casa falou que era o exército fazendo os treinamentos ali perto. Mas precisava ser na primeira noite que a gente veio aqui fugindo deles? Foi muito legal, e foi ali que a gente fez a maior quantidade de músicas, ali e em Diamantina, a gente tinha uma paixão por Diamantina que era uma loucura.

Como era esse convívio? Você também acabou ficando na casa ali com eles para acelerar o processo de composição, os arranjadores iam e voltavam, você lembra desse movimento?

Claro, lembro. Por exemplo, Ronaldo Bastos, que morava no Rio, ia muito lá. O Fernando e o Marcinho iam menos, mas iam, nossas famílias iam sempre visitar a gente. Era uma loucura porque o lugar era fascinante. Então a gente sentava na sacada, olhava para o mar e as músicas iam saindo, saindo, saindo. O mais engraçado que tinha eram os pescadores, porque a gente estava dormindo e de repente, seis horas da manhã, começava aquela gritaria, a gente descia para ver aquele arrastão, não vinha peixe nenhum, nunca eu vi peixe naquele negócio lá, mas faz parte. Eu tenho um amor imenso por Niterói, aquilo tudo foi muito forte, porque a gente fez muita coisa ali.

Esse disco não foi fácil de fazer. Primeiro porque ia ser o primeiro disco duplo, e segundo porque era eu e mais outro cara que ninguém conhecia. Diziam que eu era muito louco e eu ficava conversando lá com os diretores da Odeon, até uma hora em que eu falei assim: "olha se vocês não querem isso é melhor falar logo porque eu vou arrumar outra gravadora para fazer esse disco."

A princípio o disco era ideia sua; gravar as músicas do Lô e algumas que você já tinha feito, e acabou virando um projeto coletivo. Você que estava capitaneando o projeto? Quando isso foi se configurando você percebeu? Naturalmente, com o pessoal chegando foi se formando uma turma ao redor disso; como foi isso?
Tinha o pessoal que vinha, e falam muito do grupo mineiro, mas não era mineiro, porque tinha pernambucano, tinha baiano, tinha tudo. Esse disco não foi fácil de fazer. Primeiro porque ia ser o primeiro disco duplo, e segundo porque era eu e mais outro cara que ninguém conhecia. Diziam que eu era muito louco e eu ficava conversando lá com os diretores da Odeon, até uma hora em que eu falei assim: "olha se vocês não querem isso é melhor falar logo porque eu vou arrumar outra gravadora para fazer esse disco." E tinha uma pessoa na Odeon que acompanhou muito a história de vários músicos brasileiros, que era Adail Lessa. O Lessa era considerado o pai dos músicos, da gravadora eu acho que era o único que ia a favor dos músicos.

Ele era arranjador?
Não, ele era da diretoria, mas era sempre a favor da gente. Aí um dia ele falou: "deixa os meninos fazerem o negócio deles, os meninos não são doidos, eles sabem o que eles querem fazer." Ele convenceu o pessoal e a gente começou; desse disco participa o pessoal do primeiro disco do Som imaginário, o pessoal de Belo Horizonte, Toninho Horta, o Beto, Nelson Angelo, e mais o Rubinho batera, e também o Robertinho. Teve uma vez que eu fui a São Paulo num programa chamado *Almoço com as estrelas*, e estava lá Alaíde Costa. Ela cantou "Me deixa em paz", que era uma música antiga de carnaval. Fiquei maluco com aquilo. Quando a Alaíde acabou de cantar eu falei: "Alaíde, você não quer can-

tar essa música comigo no meu disco?" Ela topou, e gravamos a música. Outras músicas, por exemplo, "Dos cruces", que era uma música em espanhol. E além das músicas do Lô, tinha, por exemplo, "San Vicente", que foi a música que abriu o caminho para a gente na América Latina. Foi um disco de muito sucesso, e quando saiu, a crítica caiu em cima. Mas logo depois se tornou o disco de cabeceira dos próprios que tinham descido a lenha nele.

O que a crítica dizia?
Que era um bando de loucos com umas músicas esquisitas. Teve um negócio também porque ia ser o primeiro disco duplo brasileiro, mas com aquela demora toda do pessoal da Odeon acabou que a Gal Costa lançou o disco duplo dela primeiro. Tem uma outra coisa, de todos os discos que eu gravei, eu acho que esse foi o primeiro a botar o nome dos que participaram e gravaram.

Creditar?
Creditar o nome dos músicos. Então era um barato, a gente chamava a pá; pá era a turma. Foi tudo assim.

O Lô era novinho, o Beto Guedes também, mas você já tinha muita experiência em estúdio quando gravou o *Clube da Esquina*. Você se lembra da gravação? O que a gente apurou é que a gravação foi feita em dois canais, ou seja, grava a música, bota a voz e acabou.
Essa é a coisa mais louca. A primeira vez que eu fui pensar nisso eu estava ouvindo uma música, acho que era "Ao que vai nascer". Eu cantando na gravação e me perguntei como eu tinha feito aquilo se eram dois canais apenas. Um era para o grupo e o outro para a voz; eu não sei direto como foi, só sei que deu. Em várias músicas a gente dobrava as vozes.

Eles reduziam, não é? Passavam de uma máquina para outra.
Reduziam, pois é. Tinha o Jorginho, que era um dos maiores engenheiros de som que eu já conheci, e o Nivaldo também, mais uns que tinham a manha de gravar desse jeito. Foi uma coisa muito interessante porque o Lô fazia as coisas dele, mas ele queria só as pessoas dele lá. Mas no fim estava todo mundo lá e para mim o que acontecesse estava bom, e nessa apareceram todos esses que a gente falou. Cada um deu o que tinha e parecia até que estava se repetindo o "Blue Moon" ao contrário. Cada um dava uma ideia, saía uma coisa completamente diferente; por exemplo, aquele solo do Toninho em "Trem Azul" e muitas coisas assim, muito bom!

Tem esse revezamento nos instrumentos, não é? Você lembra por que isso aconteceu? Uma hora o Toninho está no baixo, em outra faixa já está na guitarra, ele e o Beto ficam trocando com o Tavito, com o Nelson Angelo. Como foi isso?
Era tudo assim "eu quero isso, eu quero aquilo" e faziam; e faziam bem, esse era o lance. Eu fiz piano no lugar do Wagner em duas faixas; eu acho que foi a primeira vez que o Wagner apareceu como arranjador. Tudo aquilo ali foi um tempo de magia nas nossas vidas e nas coisas que a gente fazia. A gente acreditava muito no nosso trabalho e nas pessoas que estavam ali juntas.

Entrevistando o Lô Borges, a gente fez um faixa a faixa com ele. Ele comentou algumas músicas, e a pergunta que apareceu ali no momento era se ele não achava que o *Clube da Esquina* era como uma banda da Inglaterra, um grupo *pop* britânico, ou até mesmo brasileiro, gostaria de soar. As pessoas perseguem isso porque tem tantas coisas boas nesse

disco que a gente está chamando isso tudo de magia. O Lô Borges até me contou uma história que algumas bandas inglesas, quando vêm ao Brasil, puxam a capa do *Clube da Esquina* e dizem: "olha, nós somos isso." Você já ouviu falar dessa história?
O tempo todo, porque têm dois *Clube da Esquina*, dois discos. O primeiro e o outro são discos de caipira, mas são dois discos de cabeceira da maioria dos músicos que estão espalhados pelo mundo. Os músicos vêm e conversam, tem uns que vêm não sei da onde para conhecer o clube da esquina e a gente fala: "não, não existe clube nenhum", mas não adianta, eles vêm e vão lá para a esquina perto da casa do Lô, ou vão até Três Pontas. Aliás, Três Pontas virou ponto turístico de japoneses e noruegueses.

Eles visitam muito a cidade por sua causa?
Sim, visitam.

Você é um dos artistas que mais viajou e que mais se relacionou com músicos estrangeiros que se tem notícia. Eu fiquei pesquisando, o Milton Nascimento é o cara que mais gravou e mais tocou com músicos americanos, com jazzistas e tudo mais. No que diz respeito a esse trabalho aqui, o quê eles perguntam para você, o quê eles querem saber desse disco? Você se lembra de alguma pergunta?
A maioria só fala que é disco de cabeceira, que é a melhor coisa que tem. O pessoal gosta, gosta muito. Por exemplo, quando começou a história do CD, eu estava com uma pessoa nos Estados Unidos que comprou todos os CDs dos Beatles. Viemos para Belo Horizonte, eu estava morando lá, aí arrumou um som e botou os CDs para tocar, e eu falei assim: "isso aí não são os Beatles". "Como não são os Beatles?" E eu insisti que não eram eles. E ele

falou: "você não tem ouvido", e falava para todo mundo que eu não tinha ouvido. A gente foi ouvir o *Abbey Road*, que é um dos discos que eu mais gosto. Eu falei para botar o *Sargeant Pepper's*, ele botou e eu falei novamente que não eram os Beatles. Aí ficou aquela confusão, e depois saiu uma matéria dizendo que o George Martin mais o Paul McCartney entraram no estúdio para refazer a remasterização do CD, porque não estava legal mesmo. Quando saiu essa nova versão eu escutei e falei: "bom, esses são os Beatles mesmo". Nessa época a Odeon teve a ideia de fazer os meus CDs, então eu falei assim: "só vai fazer se for com o mesmo cara que fez os CDs dos Beatles." Eles ligaram lá para Abbey Road e conseguiram. Eu estava fazendo uma turnê pela Europa e cada vez que eles acabavam, mandavam para eu ver, e foi uma loucura porque eu acho que foi a primeira vez que eu parei para ouvir tudo o que a gente tinha feito, e me perguntava "meu Deus, a gente fez isso?". Loucura esse negócio.

Tudo o que você podia ser

Você lembra como você fez essa melodia aqui incrível, esse perfil melódico? Isso te ocorre naturalmente?
Essa é do Lô.

Essa melodia é dele?
É, é do Lô, mas ele achou que era eu quem devia cantar, que tinha sido feita para mim.

Ele fez mesmo para você essa melodia, tem a sua cara.
Fez, e é minha! Inclusive é a música que abre o disco.

O disco chegou à minha casa e eu botei a primeira faixa, ouvi até o fim do disco, voltei para a primeira e fiquei mais de uma semana ouvindo esse disco sem parar. Os arranjos do Eumir Deodato são incríveis, tudo é lindo. E a pergunta vinha "a gente é tudo isso?". Ficou na cabeceira durante muito tempo.

E é a música que os ingleses tentam perseguir, essa sonoridade, esse violão que o Lô fala que resgatou, violão de *nylon* com palheta.

Saídas e bandeiras Nº 1

Tem viola caipira aí, ou era violão de doze cordas? Quem trouxe esses elementos da música folclórica brasileira para esse projeto? Você indicou, você pediu, ou foram trazendo e os elementos foram se incorporando?
Eram as viagens, a gente viajava muito. "Eu já estou com o pé nessa estrada", o negócio era de verdade, a gente ia para mil lugares e cada lugar apresentava uma coisa diferente que entrava pela gente, era sempre uma troca muito forte, interior de Minas, e foi uma época muito rica para a gente viajar e andar, muito bom!

Quando o disco ficou pronto, como ele te atingiu? Você se lembra desse momento?
O disco chegou à minha casa e eu botei a primeira faixa, ouvi até o fim do disco, voltei para a primeira e fiquei mais de uma semana ouvindo esse disco sem parar. Os arranjos do Eumir Deodato são incríveis, tudo é lindo. E a pergunta vinha "a gente é tudo isso?". Ficou na cabeceira durante muito tempo.

E você gosta dele até hoje? O que você sente ouvindo agora?
Eu gosto! Gosto muito! É uma história da vida da gente que resultou em muitas outras coisas. Por exemplo, o Wayne Shorter estava aqui no Brasil, veio com o *Weather Report* e queria me conhecer de qualquer jeito. O pessoal que o trouxe dizia para ele que não tinha jeito de me conhecer porque eu era muito louco,

porque eu vivia no meio da mata, morava longe, isso, aquilo, e eu com um show ali na Lagoa. Só que esse pessoal não pensou que a esposa do Wayne era portuguesa, então ela sabia ler tudo. Ela pegou um jornal e viu lá "*Clube da Esquina*, Milton Nascimento, Lô Borges, Toninho Horta", aí ela avisou para o Wayne que eu estava com show aqui. Eles diminuíram o show deles no Municipal, deixaram um carro lá e saíram a mil para pegar um pedaço do show da gente, fizeram isso durante uma semana, a primeira noite quase que eu morri de medo, falei que não ia tocar na frente desse cara.

Por quê?

Wayne Shorter toca muito, tocou com o Miles Davis, eu tinha que ficar com medo. Aconteceu que ele me chamou para fazer um disco com ele nos Estados Unidos, e tinha uma coisa porque todo lugar que a gente ia eles perguntavam que tipo de música que eu fazia e eu nunca soube. E ficava aquele negócio, eu já estava cansado de falar: "eu não sei". Não era jazz, mas pode ter jazz, não era rock, mas pode ter rock. Era tudo. Aliás, eu sou um dos primeiros roqueiros do Brasil. Sou mesmo, inclusive foi engraçado lá em Paris quando começaram a me perguntar do meu som, por causa da sinfônica, e eu falei que meu negócio era rock, música latinoamericana e *heavy metal*. Quando eu falei *heavy metal* todo mundo tomou um susto. Eu contei que tinha gravado com o Angra aqui no Brasil. Então eu não tenho desse negócio, aonde eu vou, eu entro. Foi muito interessante para mim o fato do Wayne ter ido ver a gente e conhecer, porque ele uma hora me ligou e falou assim "está na hora da gente fazer nosso disco! Você quer trazer alguém do Brasil?", e eu falei: "quero, Robertinho Silva e Wagner Tiso". Ele deu o ok, e lá ele arregimentou o Herbie Hancock, que é um cara que eu já conhecia bastante pessoalmente, dois baixistas da área *pop*, um inclusive hoje é produtor do *Manhattan Transfer*, e tinha um guitarrista da América Central. Fez lá uma feijoada e a gente gravou o disco. Naquela época o pessoal do jazz era o pessoal mais aberto para tudo de novo que acontecia. Esse disco abriu uma porta para mim que, de repente, eu estava no meio do pop, do rock, da música em geral, e acabou a parede. Foi justamente a cabeça do Wayne que proporcionou isso, ele sabe o que faz. Botou minha música no mundo, sem paredes.

Por que você acha que ele derrubou essa parede e os músicos de todas as áreas se aproximaram de você? O que tem nesse disco do *Clube da Esquina* que traz para você o interesse de jazzistas, de roqueiros, de músicos de todas as áreas?
Eu acho que você já falou isso, que é uma coisa que é daquela época, mas podia ter sido feita hoje, e pega de jeito mesmo as pessoas. Todos os músicos que eu conheço têm os dois discos do *Clube da Esquina*. Eu acho que é isso, eu não sei explicar mais nada não.

Todos que nós entrevistamos sobre esse disco foram unânimes na resposta. Desde o Márcio, ao Toninho, ao Lô, ao Wagner, todos eles disseram que você é um cara que tem uma vivência musical muito maior, infinitamente maior que eles, e na hora de fazer o disco você dava as diretrizes. Você confirma isso? Você dava as diretrizes para os arranjos, como isso funcionava?
Dava, calmamente, bem tranquilo. Era tipo o irmão um pouquinho mais velho, eu tinha que direcionar um pouco porque era muito difícil gravar naquela época, então com o lance de conhecimento do estúdio eu tinha mais facilidade de conduzir a coisa.

Tem uma coisa latina aqui muito forte, e você foi um dos primeiros artistas da música popular brasileira clássica a investir nisso, expressar isso. De onde vem essa latinidade toda?

Rapaz, vem de Minas Gerais. Vem inclusive da rádio de Três Pontas, porque tinha vários discos da América Latina que a gente não ouvia em lugar nenhum. O tipo de música que a gente fazia parece que poderia ter nascido em qualquer país da América Latina, tem experiências e vivências parecidas.

Mas também o fato da música de Minas Gerais ter muito a ver com a cultura europeia e barroca contribui, não? Tem um pouco disso aqui no disco?

Acho que tem um pouco. Tem alguma coisa indígena, que tem muito na América latina, tem umas danças que acontecem e ninguém sabe, por exemplo, o candombe, que a gente pensava que era uma música do Uruguai, Paraguai, Argentina, mas em Minas Gerais tem o candombe de Minas Gerais. Um ritmo incrível. Eu acho que Minas é muito chegada na América Latina e, por exemplo, "San Vicente" foi a minha primeira música gravada lá fora.

Quem gravou?

Um pessoal que eu não sei se era da Colômbia ou de outro país do continente. Aí chamou muita atenção do Chile. Do Chile eu não lembro quem gravou, mas é uma coisa que tem muito a ver com Violeta Parra, que é de lá. Depois do *Clube da Esquina*, quando a gente foi gravar o *Minas* e o *Geraes*, eu tinha na minha casa pelo menos umas quinze pessoas de vários países da América Latina, e eu falava que ali era o hotel da América Latina, e eles vinham e me traziam coisas, desde livros que a gente não podia ler aqui no Brasil, como discos. E rendeu muita coisa boa também.

SBRXLD-12.200
MILTON NASCIMENTO
1 - DOS CRUCES - Milton Nascimento
(Carmelo Larrea)
STEREO
LADO 2
ODEON
℗ 1972
2 - UM GIRASSOL DA CÔR DE SEU CABELO -
Lô Borges (Lô Borges-Marcio Borges)
3 - SAN VICENTE - Milton Nascimento
(Milton Nascimento-Fernando Brant)
4 - ESTRÊLAS - Lô Borges (Lô Borges-
Marcio Borges)
5 - CLUBE DA ESQUINA N.º 2 -
Voz e Violão - Milton Nascimento
(Milton Nascimento-Lô Borges)
SMOAB 6005
FÁBRICA ODEON S.A. - R. ODEON, 150-S. BERNA DO CAMPO - INDÚSTRIA BRASILEIRA - C.G.C. Nº 33.249.640/4 - S.C.O.P.-PF
FONOGRÁFICO E DO PROPRIETÁRIO DA OBRA GRAVADA SÃO RESERVADOS - A REPRODUÇÃO, A EXECUÇÃO PÚBLICA E RADIOTELEDIFUSÃO DÊSTE DISCO

FABRICA ODEON S.A. - R. ODEON, 150 S. BERNARDO DO CAMPO - INDÚSTRIA BRASILEIRA - C.G.C. Nº 33.249.640/4 - S.C.D.P.-PF 002/6.B. 9/200
SBRXLD 12.202
MILTON NASCIMENTO
1 - PELO AMOR DE DEUS - Milton Nascimento
(Milton Nascimento-Fernando Brant)
STEREO
LADO 2
ODEON
℗ 1972
2 - LILIA - Milton Nascimento
(Milton Nascimento-Fernando Brant)
3 - TREM DE DOIDO - Lô Borges
(Lô Borges-Marcio Borges)
4 - NADA SERÁ COMO ANTES -
Milton Nascimento e Beto Guedes
(Milton Nascimento-Ronaldo Bastos)
5 - AO QUE VAI NASCER -
Voz e Violão - Milton Nascimento
(Milton Nascimento-Fernando Brant)
SMOAB 6006
E DO PROPRIETARIO DA OBRA GRAVADA SÃO RESERVADOS - A REPRODUÇÃO, A EXECUÇÃO PÚBLICA E RADIOTELEDIFUSÃO DESTE DISCO ESTÃO PROIBIDAS

Direção geral Charles Gavin
Coordenação Luis Marcelo Mendes
Edição Julio Silveira
Projeto gráfico Tecnopop
Revisão Monica Ramalho
Fotos Thiago Barros
Transcrição Rosa Wippel

Agradecimentos especiais a
Paulo Mendonça • André Saddy • Carlinhos Wanderley
Catia Mattos • Canal Brasil • Darcy Burger • André Braga
Bravo Produções • Gabriela Gastal • Gabriela Figueiredo
Samba Filmes • Zunga • Yanê Montenegro
Oi • Secretaria de Cultura Governo do Rio de Janeiro

C649 Clube da Esquina (1972) : Lô Borges e Milton Nascimento : entrevistas a Charles Gavin / Entrevistas de Lô Borges, e Milton Nascimento a Charles Gavin— Rio de Janeiro: Ímã Editorial | Livros de Criação, 2014.
92 p. : il. ; 21 cm. — (O som do vinil).

ISBN 978-85-64528-62-8

1. Música popular - Brasil - História. 2. Músicos - Entrevista. I. Borges, Lô, 1952-. II. Nascimento, Milton, 1942-. III. Título.

CDD 782.421640981
CDU 784.4(81)

Produzido no Rio de Janeiro em 2014.
O projeto empregou as tipologias FreighText e FreightSans.

Ímã Editorial | Livros de Criação
www.imaeditorial.com